Alexander Siedschlag
Alexander Bilgeri (Hrsg.)

Kursbuch Internet und Politik 2003

Politische Kommunikation im Netz

VS VERLAG FÜR SOZIALWISSENSCHAFTEN

VS VERLAG FÜR SOZIALWISSENSCHAFTEN

VS Verlag für Sozialwissenschaften
Entstanden mit Beginn des Jahres 2004 aus den beiden Häusern
Leske+Budrich und Westdeutscher Verlag.
Die breite Basis für sozialwissenschaftliches Publizieren

Bibliografische Information Der Deutschen Bibliothek
Die Deutsche Bibliothek verzeichnet diese Publikation in der Deutschen Nationalbibliografie;
detaillierte bibliografische Daten sind im Internet über <http://dnb.ddb.de> abrufbar.

1. Auflage August 2004

Umschlaggestaltung: KünkelLopka Medienentwicklung, Heidelberg
Satz: Beate Glaubitz, Satz und Redaktion, Leverkusen

Gedruckt auf säurefreiem und chlorfrei gebleichtem Papier

ISBN-13: 978-3-8100-3723-7   e-ISBN-13: 978-3-322-88908-9
DOI: 10.1007/978-3-322-88908-9

Inhalt

Außerhalb des Schwerpunkts

Homepage

Editorial: Das Kursbuch im dritten Jahr

Politik und ihr öffentliches Umfeld werden durch die Internet-Möglichkeiten inzwischen schon fast alltäglich geprägt. Das Kursbuch Internet und Politik beschäftigt sich nun im dritten Jahr mit den Wechselbeziehungen zwischen Politik, Verwaltung und Internet. Experten aus Wissenschaft und Praxis bedienen im Kursbuch halbjährlich den Informationsbedarf eines breiten Publikums aus interessierter Öffentlichkeit, Politik, Journalismus und Wissenschaft. Die Beiträge sind abwechslungsreich geschrieben und dabei fundiert recherchiert. Das Themenspektrum beschränkt sich nicht auf Politik im engen Sinn, sondern auch auf die öffentliche Verwaltung und auf gesellschaftlichen Wandel im Internet-Zeitalter.

Das Kursbuch möchte außerdem immer wieder Brücken zwischen Problemen der politischen Praxis und anwendungsbezogener politikwissenschaftlicher Forschung schlagen.

Der erste Band (1/2001) beschäftigte sich mit allgemeinen Grundlagen elektronischer Demokratie und virtuellen Regierens. Er stellte auch das Basis-Konzept vor, dem die weiteren Bände folgen.

Der zweite Band (1/2002) war – auch um den Aktualitätsanspruch des Kursbuchs zu unterstreichen – dem Schwerpunkt „Wahlkampf im Netz" gewidmet. Außerhalb des Schwerpunkts bot er Beiträge zur friedensschaffenden Wirkung digitaler Technologien, aber auch zu Terrorismus, Ungleichheit und Verwundbarkeit im Netz, ebenso wie empirische Analysen zur Internetpräsenz von Abgeordneten und zur Kosten-Nutzen-Analyse politischer Internetkommunikation.

Band 2/2002 setzte sich im Schwerpunkt mit E-Government im internationalen Vergleich auseinander – von den entsprechenden politischen Leitideen und dem neuen Konzept der E-Governance bis hin zu verfahrensmäßigen und technischen Fragen zum Beispiel von E-Voting. Außerhalb des Schwerpunktes setzten wir unsere Reihe zur empirische Analyse zur Internetpräsenz von Abgeordneten fort. Zudem ging es um die Relevanz von E-Business-Modellen für die Politik und um eine Bestandsaufnahme zu den politischen – nicht nur technisch-infrastrukturellen – Herausforderungen, die das Internet-Zeitalter an die internationale Sicherheitspolitik stellt.

Der nun vorliegende Band 1/2003 ist dem Thema „Politische Kommunikation im Netz" gewidmet. Interessante empirische Untersuchungen geben zum Beispiel Aufschluss über die längerfristigen Folgen des Online Campaigning in der Bundestagswahl 2002. Außerdem beleuchten wir den Internetauftritt von Botschaften – einen wichtigen Faktor der sich entwickelnden digitalen Diplomatie. Selbstverständlich liefern wir auch ein Follow-up zur politikerscreen.de-Studie über die Internetpräsenz unserer Bundestagsabgeordneten. Nicht zuletzt finden sich in diesem Band wie immer aktuelle Rezensionen von Büchern und Internetseiten.

Über die geplanten Schwerpunkte kommender Bände im Jahr 2004 informiert Sie die Webseite *www.kursbuch-internet.de* ebenso wie über die Artikel aus den früheren Kursbüchern und über das Herausgeberteam.

Die Herausgeber

Schwerpunkt:
Politische Kommunikation im Netz

Alexander Bilgeri/Alexander Siedschlag

Kampagne oder Propaganda?

Rolle und Möglichkeiten des Internets im Rahmen der politischen Kommunikation

Wie ist Öffentlichkeit möglich?

Seit der Erzählung vom Turmbau zu Babel wissen wir, dass die Kulturleistungen der Menschheit (oder eben deren Scheitern) eng mit der Qualität sprachlicher Kommunikation zusammenhängen. In der Postmoderne werden Kommunikation und vor allem die Massenmedien häufig unter dem von Jacques Derrida gesetzten Vorzeichen gesehen, dass das Nichtverstehen sozusagen zur Grundvoraussetzung der Gesellschaft geworden ist und von den Medien nicht gelindert, sondern bestenfalls reproduziert wird. Niklas Luhmann hat das zu der These zugespitzt, dass Kommunikation, obwohl wir sie jeden Tag erleben, unwahrscheinlich ist.[1] Dass es überhaupt Kommunikation geben könne, sei allerdings gerade Medien zu verdanken, dabei vor allem auch den Massenmedien als „Verbreitungsmedien"[2]. Sie dehnen Kommunikation auf „Nichtanwesende" aus und fixieren Informationen – dadurch, dass sie sie zum Beispiel in Zeitungstexten, auf Filmen oder in digitalen Speichern verwahren, aber auch dadurch, dass sie Selektion betreiben: Sie legen fest, was überhaupt übertragen wird, was also eine Information ist und was nicht. Deshalb machen sie so etwas wie Öffentlichkeit in einer komplexen, hoch differenzierten Gesellschaft überhaupt erst möglich. Kommunikation ist dann aber nicht nur irgendeine Ausdrucksform einer Gesellschaft, sondern der grundlegende Mechanismus, durch den sich eine Gesellschaft bewahrt und fortentwickelt. Wenn man sich mit der Bedeutung des Internets für die gesellschaftliche und dabei – wie in diesem Band – speziell für die politische Kommunikation auseinander setzt, ist das also kein Cyberspleen, sondern ein Interesse an der Frage: Wie kann politische Internetnutzung, ursprünglich vielleicht nur als ein kleineres Element einer zeitlich eng begrenzten Kampagne geplant, grundlegende Funktionsvoraussetzungen der Gesellschaft betreffen?

Um dieser Frage nachzugehen, muss man die Trennung von Cyberwelt und realer Welt ein Stück weit aufgeben. Dann zeigt sich: Das Internet ist im Luhmann'schen Sinn gar kein einschlägiges Massenmedium, weil die „Empfänger" zumindest in HTML-Umgebungen die Informationen selbst suchen, auswählen und festhalten, ja streckenweise sogar selbst erzeugen müssen (indem sie sich zum Beispiel von Link zu Link klicken). Wenn man sich derart Informationen selbst bastelt, wird Kommunikation im Sinne Luhmanns sogar viel weniger unwahrscheinlich: Je mehr der Einzelne bei seinem Informationsverhalten im Netz aufgeht, desto größer wird der virtuelle Kontext, der für alle gemeinsam zugänglich ist. Und desto größer wird die Chance, dass die Kommunikation erfolgreich ist: dass man sich versteht und auf der Basis der übertragenen Informationen weiterhandelt. Da das Internet sowieso nichts mit der realen Anwesenheit der Kommunikationspartner in einer konkreten Situation zu tun hat und man meistens nur dann ins Internet geht, wenn man an informativem Austausch interessiert ist, ist die Erreichbarkeit der Adressaten viel besser sichergestellt als bei anderen Massenmedien (nicht jeder, der sich zum Beispiel vor den Fernseher setzt, will kommunizieren).

Das politisch Interessante – zum dem dieser Band des Kursbuch Internet und Politik einen Zugang eröffnen möchte – ist also die von Luhmann immer nur kurz angerissene Frage: Welche Rückwirkungen auf die Funktionsbereiche der Gesellschaft hat die Verbreitungstechnik, oder: Inwieweit ändern Massenmedien die Voraussetzungen, von denen die Politik ausgeht? Auch hier wird deutlich, dass das Internet mehr – oder sogar etwas Anderes ist – als bloß ein neues Massenmedium. Im strikten Sinne Luhmanns wäre das Internet sogar grundsätzlich kein Massenmedium. Es ist keineswegs „operativ geschlossen". Beim Internet dient die Zwischenschaltung von Technik *nicht*, wie bei konventionellen Massenmedien dazu, Interaktion zwischen „Sender" und „Empfänger" auszuschließen, sondern dazu, sie zu ermöglichen.[3]

Überdies ist Kommunikation nie reiner Informationsaustausch. Die unmittelbare politische Bedeutung sprachlicher Kommunikation für den Zusammenhalt und die Weiterentwicklung einer staatlichen Gemeinschaft ist ein klassisches Motiv in der Auseinandersetzung mit dem Wesen des Politischen. Allen voran ging bereits Aristoteles davon aus, dass zugleich mit der „Vernunft" die „Sprache" (das griechische Wort „logos" beinhaltet sowieso beides) eine nur dem Menschen zukommende Eigenschaft sei, die ihn von den Tieren unterscheide und ihm Erfahrungsbildung, eine Vorstellung von Gerecht und Ungerecht und darauf aufbauend eine begriffliche Gemeinschaft mit seinen Mitbürgern ermögliche. Diese begriffliche Gemeinschaft mache den Staat erst denkbar und möglich. Die Idee, dass sprachliche Kommunikation ein Grundelement jeder Gesellschaftsordnung und jedes Staatswesens ist, griffen dann Thomas Hobbes und John Locke in ihren politischen Theorien wieder auf.

Ende des 20. Jahrhunderts hat insbesondere eine bestimmte Richtung der Sprachwissenschaft, orientiert am „radikalen Konstruktivismus"[4], die These entwickelt, dass Kommunikation das zentrale Verfahren zur Verwirklichung von Identität und zur Bewusstseinsbildung über die Welt ist. Tatsächlich ist die heutige Welt – mitsamt den zugehörigen Wertvorstellungen und Anforderungen an die Politik – in vielerlei Hinsicht nur noch durch Massenmedien vermittelt erfahrbar. Insofern ist sie tatsächlich oftmals keine Abbildung der Realität, sondern „konstruiert".[5] Doch das heißt nicht, dass deswegen Nutzer bestimmter Medien, vor allem des Internets, grundsätzlich besser (oder vielleicht auch schlechter) über die Welt „informiert" sind als andere. Es heißt auch nicht, dass zum Beispiel alle Internetnutzer allein wegen ihrer gemeinsamen Mediennutzung schon eine bessere und „demokratische" Basis haben, um über politische Themen zu diskutieren oder sich am politischen Prozess zu beteiligen. Anders als frühe, etwas euphorische Studien das vielleicht herbeigeredet haben,[6] ist die Internetöffentlichkeit nicht als solche eine reflektiertere oder besser zu abwägenden Urteilen befähigte Öffentlichkeit.

Sowohl die Content-Industrie als auch netzpolitische Großakteure haben die Popularisierung der Online-Kommunikation dazu genutzt, sie vor allem unter dem Vorzeichen der Unidirektionalität voranzutreiben – ohne Rückkopplungskanal und ohne besondere Sensibilität gegenüber Bedürfnissen des allgemeinen Nutzers.[7] In Deutschland gilt das nicht nur für große Medienkonzerne, sondern auch für regierungsamtliche E-Politics – insbesondere auf dem Portal REGIERUNGonline (www.regierung-online.de), das „Wissen aus erster Hand" anpreist und damit aktiv die Umgehung grundlegender meinungspolitischer Kontrollinstanzen der pluralistischen Demokratie betreibt.

So sehr man kritisieren kann, dass das Internet teilweise Propaganda Vorschub zu leisten vermag, so unbestreitbar ist die Demokratie auf Kommunikations-Medien angewiesen.[8] Nur durch diese Medien lässt sich heutzutage die Vorstellung von politischer Repräsentation und zugleich von der Bürgernähe der repräsentativen Demokratie und ihrer Offenheit für ein bestimmtes Ausmaß an Bürgerbeteiligung wahren und vor allem praktisch umsetzen. Politische Kommunikation und ihre (Massen-)Medien sind eine immer wichtiger werdende Voraussetzung dafür, dass die Idee der Volkssouveränität glaubhaft bleiben kann. Volkssouveränität, am Ohr der Bürger stehende Volksvertretung und politische Partizipation in den Bahnen der repräsentativen Demokratie vollziehen sich mehr und mehr über Kommunikation. Und immer mehr dieser Kommunikation wird auch oder in einigen Bereichen sogar ausschließlich über das Medium Internet vermittelt.

Gleichwohl ist es eben nicht so – wie vor allem von der Politik selbst betriebene Informationsportale es wohl gerne hätten –, dass Kommunikation einfach eine Nachrichten-Übermittlung ist. Gleichgültig ob im Netz oder außerhalb des Netzes: Nachrichten sind keine Postsendungen. Sie sind nicht Informationspakete, die jemand abschickt und die unverändert beim Empfänger ankommen, sondern sie haben immer einen Kontext, einen größeren inhaltlichen und sozialen Zusammenhang. Dieser Kontext kann nicht mitgeschickt werden, sondern der Empfänger muss ihn rekonstruieren oder stellt die Nachricht einfach in einen Kontext, den er für richtig hält. Die Kommunikationswissenschaft geht zum Beispiel im Allgemeinen davon aus, dass Kommunikation, zumal in den Massenmedien, keinem Einkanalton gleicht. Im Gegenteil, sie ist immer mehrschichtig und von einem gemeinsamen Sinnhorizont des „Senders" und des „Empfängers" abhängig. Hier kann dann eine soziale Internetkritik ansetzen, die die Vorstellung vom Internet als basisdemokratischem Kommunikationsraum in das Reich der Vision befördert, in das sie gehört, weil sie viel mehr Freiheit und Gleichberechtigung von Sender und Empfänger vorspiegelt als sie zulassen will oder überhaupt technisch tragen kann.

Trotzdem kann unsere repräsentative Demokratie ihren Anspruch, die Volkssouveränität in modernen Massengesellschaften zu verwirklichen, nur durch Kommunikation einlösen, und zugleich ist Kommunikation längst die wichtigste Legitimitätsquelle der Demokratie geworden:[9] Übereinstimmung der Bürger untereinander und zwischen den Bürgern und den Regierenden kann heutzutage nur noch über Massenkommunikation herzustellen versucht werden. Somit gilt nicht zu vergessen: Das Internet ist nur in dem einen Sinn ein Instrument zur Erneuerung und Erweiterung der Demokratie. In dem anderen Sinn gehört es als ein Massenmedium bereits zu den Voraussetzungen der Demokratie, wie sie gegenwärtig funktioniert.

Wo liegt die Grenze zwischen Politik und Propaganda im Netz?

Auf Netzkommunikation gestützte Politik kann man von *Propaganda* im Netz gut dadurch unterscheiden, dass bei Propaganda das Interesse des „Senders" an einem Rückkopplungskanal grundsätzlich völlig fehlt. Trotzdem wirkt Propaganda nicht von alleine, und das ist auch wichtig für die Einschätzung der Tragfähigkeit von politischer Internetpropaganda: Etwas, zu dem die „Adressaten" keinen Handlungsbezug haben, kann man nicht kommunizieren, und schon gar nicht *politisch* kommunizieren. Deswegen kommt glücklicherweise auch Propaganda oft genug nicht als Weltbild oder Motivation bei den „Empfängern" an, sondern bruchstückhaft: als aus dem politischen Zusammenhang gerissene Mythen und Rituale, als Beschwörungen von „Helden", „Schurken", „Katastrophen", „Krieg" und „Sieg" oder dergleichen.[10]

Von Propaganda und ihren oft negativen Assoziationen zu unterscheiden ist die *Kampagne*[11], die begrenzte Ziele verfolgt und nicht Wirklichkeit und öffentliche Meinung prägt, sondern erst einmal Öffentlichkeit für einen bestimmten politischen Sachverhalt herstellen will. Die Öffentlichkeit ergibt sich im Internet keineswegs schon von selbst, sozusagen allein aus der Technik heraus. Das Internet ist kein digitalisierter bürgerlicher Salon, und Internetöffentlichkeit ist kein selbstorganisiertes kommunikatives Netzwerk, sondern eine *hergestellte Öffentlichkeit*. Einerseits ist das problematisch, weil Öffentlichkeit dann im Lichte bestimmter Interessen betrieben werden kann, eingehüllt in den Deckmantel einer cyberdemokratischen Idylle. Andererseits würde es der tatsächlichen politischen Bedeutung des Internets nicht gerecht, seine Nutzung für Kampagnen von vornherein als Missbrauch der scheinbaren Herrschaftsfreiheit des Cyberspace zu verteufeln.

Das Internet ist kein Hort eines demokratischen Diskurses, der von den alltäglichen Leistungen und Verfehlungen der „großen" Politik und der Gesellschaft frei wäre. Vielmehr verschwimmt im Internet beides. Natürlich betreiben Communities im Netz ihre Identitätsbildung oder Spitzenpolitiker versuchen, sich auf Kandidaten-Websites virtuelle Parallel-Identitäten zu schaffen. Aber zum größten Teil spricht das Netz eben nicht über sich selbst und ist keine abgegrenzte „eigene" politische Sphäre, sondern im Internet werden Diskussionen geführt und Konflikte ausgetragen, deren Ursprünge außerhalb des Netzes liegen und die sich vorwiegend in der realen Welt abspielen. Gerade dadurch, dass internetvermittelte Kommunikation zum größten Teil kein Selbstgespräch über eine schöne neue virtuell-demokratische Welt ist, erhält netzbasierte Kommunikation ihre politische Bedeutung – und zum Beispiel ihre spezifische Funktion in gesellschaftlichen und politischen Konfliktprozessen.[12]

Aus den politischen Kampagnen ist das Internet als Kommunikationsinstrument schon jetzt nicht mehr wegzudenken. Das Herz einer politischen Kampagne ist „die Kommunikation mit dem Bürger",[13] und deren integraler Bestandteil ist das Web inzwischen – vor allem auch aus Sicht der Abgeordneten auf Bundes- und Landesebene.[14] Die Kampagnenführer versuchen die Vorteile des Netzes für sich zu nutzen: es bietet einen direkten, schnellen und umfassenden Zugang zu einer Vielzahl von politisch interessierten und arbeitenden Menschen, aber auch zu einem Personenkreis, der oftmals durch traditionelle Wege der politischen Informationsver-

mittlung (Zeitungslektüre, Informationsveranstaltungen usw.) nicht mehr zu erreichen ist.[15] So nutzen zum Beispiel gerade auch Jugendliche und junge Erwachsene
das Internet zur Informationsrecherche und zur politischen Willensbildung. Ein
weiterer Vorteil liegt aus Sicht der Kampagnentreibenden darin, dass die Rolle der
traditionellen Gate-keeper, wie beispielsweise die der Journalisten, weniger entscheidend ist: Jeder kann jederzeit im Internet seine Ideen, Positionen und Botschaften veröffentlichen. Die Grenzen der Real-World-Anschlussfähigkeit bleiben
aber dieselben wie diejenigen der internetgestützten Propaganda.

Darüber hinaus übt das Internet, wie alle Massenmedien, weiter gehende Funktionen im politischen Prozess aus. Das beschränkt sich nicht darauf, politische Projekte und Kampagnen zu unterstützen oder per E-Government eine digitale Dienst-
leistungsdemokratie zu etablieren. Vielmehr trägt Netz-Kommunikation auch zur
politischen Sozialisation der Bürger bei, zum öffentlichen Agenda-Setting ebenso
wie zur subjektiven Wahrnehmung politischer Probleme, zur Politikvermittlung,
zur politischen Steuerung und vor allem zur Einbindung des „Empfängers" in den
Kommunikationsprozess: Im Internetzeitalter ist Medienwirkung endgültig nicht
mehr bloß das Resultat eines Informationstransfers, sondern auch ein Ergebnis von
Interpretations- und Kommunikationsprozessen und hängt deswegen von der aktiven Einbeziehung des „Empfängers" ab.[16]

Gleichwohl werden die tief greifenden politischen Funktionen internetgestützter Kommunikation besonders in den politischen Kampagnen im Netz deutlich. Die
reale Wirkung von Internetkommunikation kommt hier ganz klar zum Vorschein:
Nicht die Herstellung einer verständigungsorientierten („diskursiven"), rein sachli-
chen Argumenten folgenden („deliberativen") Cyberdemokratie, sondern der interessenorientierte Wettbewerb um *Aufmerksamkeit*.

Wettbewerb um Aufmerksamkeit

Das Internet bietet den Kampagnentreibenden die Möglichkeit, ihr Produkt „Kam-
pagnenbotschaft" vergleichsweise kostengünstig dem (potenziellen) Konsumenten
„Kampagnenbefürworter" zugänglich zu machen und dessen Konsumentscheidung
„Diese Kampagne unterstütze ich" nachhaltig zu fördern.[17] Ziel des Kampagnen-
initiators ist die Durchsetzung seiner Interessen und Forderungen bei den relevanten
Entscheidungsträgern. Dabei wird die öffentliche Meinung oft als Instrument genutzt, um den Interessen und Forderungen Nachdruck zu verleihen.[18] Nur müssen
sich die politischen Internetnutzer darüber im Klaren sein, dass die Funktion des
Internets in der Demokratie nicht nur dadurch beschnitten wird, sie einseitig auf E-
Government, auf eine Demokratie als Verwaltungsakt, zu konzentrieren. Sie wird
auch dadurch beschnitten, in Kampagnen und in kampagnenorientierter Informati-
onsvermittlung der realen Welt eine den eigenen Interessen besser dienliche, virtuell konstruierte Realität entgegenzustellen.

Je mehr das Internet zum Raum für politische Kampagnen wird, desto interaktiver muss die politische Internetnutzung sein. Gerade auch im Zusammenhang mit
den neuen Medien geht die demokratietheoretische Diskussion seit Ende der
1980er-Jahre davon aus, dass sich Unterstützung von politischen Entscheidungen
nicht durch Informationspolitik gewinnen lässt, sondern durch Beteiligung der Bür-

ger. Die verschiedenen Vorstellungen einer Beteiligungsdemokratie im Gegensatz zu einer nur auf verfahrensmäßiger Legitimität beruhenden repräsentativen Demokratie waren wohl überzogen – gleichgültig, ob sie sich auf Offline-Kommunikation (v.a. Jürgen Habermas) oder Online-Kommunikation (v.a. Benjamin Barber) bezogen. Eine bedenkenswerte These ist und bleibt jedoch: Erst durch den Diskurs der Bürger untereinander werden überhaupt die Gründe produziert, die die Basis der Anerkennungswürdigkeit einer politischen Entscheidung und damit der Legitimität des gesamten politischen Systems liefern.[19]

Nun denkt die Politik, wenn sie Meinungsbildung über das Internet bewerkstelligen will, natürlich nicht in erster Linie an solche fundamentalen Fragen. Sie will mit einer Kampagne nicht ihre abstrakte Legitimitätsbasis verbreitern, sondern konkrete Aufmerksamkeit herstellen.[20] Aufmerksamkeit ist das knappe Gut in unserer heutigen „politischen und öffentlichen Ökonomie" und muss gezielt angezogen werden.[21] So entsteht auch im Internet ein Wettbewerb zwischen unterschiedlichen Kampagnen und ihren Themen und Interessen. Die Aufgabe des Kampagnenverantwortlichen ist es, seine Themen – als Ausfluss seiner Interessen – auf die relevanten Agenden zu bringen. Die Agenden verfügen jedoch lediglich über eine begrenzte Aufmerksamkeitskapazität. Die relevanten Akteure – Politiker, Journalisten, Öffentlichkeit – müssen daher Interesse an den Themen des Kampagnentreibenden haben. Dem Thema muss seitens der relevanten Zielgruppe Aufmerksamkeit geschenkt werden, da nur das zu thematisieren ist, was zuvor mit der notwendigen Aufmerksamkeit bedacht wurde.[22] Das setzt den basisdemokratischen Volksbildungsvisionen politischer Internetnutzung schon einmal realpolitische Grenzen.

Sowohl Kampagnetreibende als auch kritische Beobachter politischer Massenkommunikation müssen sich deshalb immer die typischen *Selektionsregeln* vor Augen halten, die darüber entscheiden, wofür Öffentlichkeit herstellbar ist und wofür nicht. Das gilt ebenso im Internet. Die Selektionsregeln steuern die Aufmerksamkeit der Adressaten. Sie stecken ab, welche Themen massenmedial kommunizierbar sind. Dass die Öffentlichkeit auf ein Thema einsteigt, heißt allerdings noch lange nicht, dass sie die meistens gleich mittransportierten Richtungsvorgaben für die beabsichtigte politische Entscheidung mitträgt.[23] Aber jedes Thema muss erfahrungsgemäß bestimmte Ausstattungsmerkmale haben, um bei seinem Zielpublikum jedenfalls erst einmal Beachtung zu finden. Einschlägig sind vor allem die folgenden Ausstattungsmerkmale:

–   Aufmerksamkeit erhält ein Thema, wenn es einen gewissen Neuigkeitswert hat. Die hinter dem Thema stehende Information muss mit bestehenden Erwartungen brechen oder einen „offen gehaltenen Raum begrenzter Möglichkeiten (...) determinieren";[24] denn dem Neuen wird ein gewisser Grad an Wichtigkeit unterstellt.
–   Ein Thema mit hohem Dringlichkeitsgrad erfährt ebenfalls gesteigerte Aufmerksamkeit.
–   Einem Thema, das sich mit einem Konflikt auseinander setzt, wird erhöhte Aufmerksamkeit zuteil.
–   Besitzt der das Thema vortragende Kampagnenführer einen hohen Status, wird das Thema mit gesteigerter Aufmerksamkeit seitens der relevanten Zielgruppe bedacht.

- Auch ein Thema, hinter dem eine besondere Wirkung hinsichtlich des Errei-
chens von Interessen der relevanten Zielgruppe vermutet wird, erhält gesteigerte Aufmerksamkeit.
- Einem von den Teilnehmern leicht erfassbaren Thema mit geringem Konkreti-
sierungsgrad bzw. einem einfach gestrickten Thema mit einer eindimensionalen
Argumentationslogik wird größere Aufmerksamkeit zuteil.

Je besser Medien Aufmerksamkeit für ihre Themen schaffen möchten, desto un-
erhörter und simpler muss ihr Bezug zur zugrunde liegenden Realität sein. Erfolgreiche Massenkommunikations-Medien sind dann in der Tat „Weltbildappa-
rate", die eigene Wirklichkeiten erzeugen können und beinahe schon davon leben, einseitige Bewertungsmaßstäbe zu vermitteln.[25] Massenkommunikation,
auch im Internet, neigt dann dazu, Konfliktlinien zu verschärfen, anstatt zur deliberativen Vermittlung zwischen verschiedene politischen Positionen beizutragen.
Je mehr aber Kampagnetreibende das Netz nur als einen Zusatzkanal der politischen „Kundenansprache" verstehen oder sich sogar als neutrale Info-Broker präsentieren (wie teilweise die Nachrichtenportale der großen deutschen Parteien),
desto mehr wird politische Internetnutzung dazu beitragen, die Internetöffentlichkeit in diverse Teilöffentlichkeiten aufzuspalten, die im Rahmen eigener
Realitätskonstruktionen denken und handeln. Ein Beispiel dafür ist die Internet-
kommunikation über den Irak-Krieg (2003), in der es im Netz ganz verschiedene,
interessenorientierte Spiegelungen des Real-World-Problems „Irak und Saddam"
gab. Auf diesen Grundlagen fanden dann nicht nur virtuelle Informationsschlach-
ten statt, sondern wurden reale Aktivitäten von Kriegsgegnern und Kriegsbefür-
wortern organisiert.

Der Irak-Krieg (2003) im Internet: Von der virtuellen Informationsschlacht in die politische Realität

Sowohl Befürworter als auch Gegner versuchten das Internet zur Darlegung ihrer
Positionen und zur Unterrichtung der interessierten Öffentlichkeit zu nutzen. Sie
buhlten im Netz um Aufmerksamkeit: Eine Kampagne par excellence, die zudem
zeigte, wie schmal der Grat zwischen Kampagne und Propaganda gerade im Internet sein kann.
    Über 77 Prozent der US-Amerikaner mit Internetzugang holten sich über das
Web Informationen über den Krieg, tauschten Meinungen aus und besorgten sich
Hinweise auf reale Treffen der Kriegsbefürworter oder der Kriegsgegner. Eine
kleinere Teilgruppe der User nutzte die E-Mail-Kommunikation, um Unterstützung
für ihre Ideen zu gewinnen. Unzählige Websites setzen sich mit dem Thema „Krieg
gegen Saddam" auseinander. 74 Prozent der am Krieg interessierten Internetnutzer
unterstützten bei Kriegsbeginn die Entscheidung von Präsident Bush und waren der
Meinung, dass die Informationspolitik der US-Regierung glaubwürdig sei und die
tatsächlichen Ereignisse widerspiegelten. Sie informierten sich hauptsächlich auf
den Internetseiten der TV-Stationen, der überregionalen Tageszeitungen und auf
den offiziellen Seiten der Regierung. Auch Unterstützer- und Gegnerseiten wurden
direkt angesteuert.[26]

Die Website www.tag-x.de zum Beispiel diente als virtuelle Plattform von Kriegsgegnern zur Koordination von Veranstaltungen. Sie nahm den realen Krieg virtuell vorweg, um die Kampagnenfähigkeit bei Kriegsbeginn sicher zu stellen. Termine für Protestveranstaltungen konnten eingestellt und Aufrufe lanciert werden. Es wurden mehr oder weniger sachliche Hintergrundinformationen zum Irak-Krieg geliefert und Hinweise auf weitere Protestvereinigungen gegeben.

Abb. 1: Homepage von www.tag-x.de (diese Homepage ist zur Zeit nicht verfügbar).

Die Informationsschlacht im Golfkrieg zeigt, dass das Netz nicht nur denjenigen dienen muss, die sich schon sozial oder politisch zusammengeschlossen haben, sondern in Extremsituationen dazu führen kann, dass sich digital vernetzte Menschen überhaupt erst in der realen Welt zusammenschließen. Das Netz als Massenkommunikations-Medium liefert im Zusammenhang mit Großereignissen also nicht nur bereits bestehenden Gruppen und Institutionen neuartige Bühnen, um ihre Identität zu inszenieren und zu festigen, sondern vermag *neues* Gemeinschaftsgefühl zu wecken und zur Bildung neuer, zugleich virtuell und real vernetzter und handelnder Gemeinschaften beizutragen.[27] Manuel Castells hat in seiner Soziologie des Informationszeitalters nachgezeichnet, wie Cyberkampagnen virtuelle Netzwerke aktivieren und sodann Aktivistengruppen wie zum Beispiel Menschenrechtler oder Umweltschützer real mobilisieren können.[28] Damit das aber funktioniert, müssen reale Umweltprobleme vorhanden sein (und nicht nur umweltpolitische Scheingefechte im Cyberspace), und in der realen Welt müssen Schnittstellen für politischen Aktivismus bestehen (etwa Meinungsfreiheit, Versammlungsfreiheit und institutionelle Adressaten des Protestes, zum Beispiel Umweltministerien).

Der Themenschwerpunkt dieses Bandes

Dass Massenmedien nicht nur Informationen übertragen, sondern Öffentlichkeit herstellen und Realität prägen, ist Stand des Wissens. Davon auszugehen, dass dies in der internetgestützten Massenkommunikation umso mehr der Fall ist, als das Medium Internet ein besonders Potenzial an Virtualität bietet, ist nahe liegend. Eine relativ neue Frage der politischen Wirkung des Internets als Massenmedium ist jedoch, welche weitergehenden Rückwirkungen politische Internetnutzung auf die Funktionsvoraussetzungen der Politik selbst hat. Und zwar über Großereignisse wie Wahlen und Kriege hinaus. Wenn man darüber diskutiert, spricht man in der Regel von verbesserten Voraussetzungen für eine lebendige Demokratie wegen des Interaktivitätspotenzials des Netzes oder von bürgernaher öffentlicher Verwaltung infolge von E-Government-Anwendungen. Doch mittlerweile lassen sich auch andere internetvermittelte institutionelle Wandlungsprozesse der politischen Ordnung feststellen.

So erläutert Britta Schemel in ihrem Aufsatz über den Online-Bundestagswahlkampf 2002, wie das Internet die Modernisierung unserer Parteien beschleunigt. Alle Bundestagsparteien akzeptieren, dass die Bürger sie im Licht neuartiger Qualitätsmaßstäbe beurteilen (nämlich der Professionalität, aber auch der inhaltlichen Aussagekraft ihrer Homepages). Als wichtigstes Instrument politischer Führung in der modernen Gesellschaft setzen die Massenmedien – zumal das Internet – die Bevölkerung nun doch nicht einfach der Realitätskonstruktion aus, die sie ihr vermitteln. Vielmehr können politische Strategien fast nur noch dann greifen, wenn sie sich von vornherein danach richten, in welchem Format sie die besten Chancen haben, in der Öffentlichkeit auch wirklich anzukommen. Dann aber ist die Öffentlichkeit nicht bloß der „Empfänger" (der die Information so annehmen muss, wie sie kommt, will er nicht desinformiert bleiben), sondern der „Sender" muss von vornherein berücksichtigen, wofür sein Zielpublikum überhaupt grundsätzlich empfänglich ist. Am Beispiel der Online-Wahlkampfstrategien wird das eben besonders gut deutlich.

Macht sich die Politik diese Auffassung von (post)moderner politischer Kommunikation zu Eigen, dann ist die Wirkung von Online-Wahlkampfstrategien nicht am Wahlabend abgehakt, sondern reicht weit darüber hinaus und kann politische Kommunikation grundsätzlich verändern. Aus der Insider-Sicht des SPD-Parteivorstands beschreibt Vito Cecere diese Verselbstständigung von Wahlkampfstrategien, die ganz neue Maßstäbe für allgemeine politische Kommunikation hervorbringen kann. Weil verschiedene Wahlkampftools unter einer „Dachmarke" gebündelt werden mussten, wurden zum Beispiel unter www.spd.de oder www.cdu.de virtuelle politische Dramaturgien entwickelt. Durch diese wuchsen die Parteihomepages mehr und mehr in die Rolle von Info-Brokern, die über den Wahltag hinaus politische Informationen aus der Sichtweise der jeweiligen Partei dramaturgisch aufbereitet vermitteln. Damit verbinden sich natürlich neue Anforderungen an eine politisch kompetente Öffentlichkeit, die mit dieser Informationsdramaturgie auch kompetent umgehen kann und sie nicht als unmittelbare Abbildung der Wirklichkeit liest; denn in der Medienwirkung wäre das dann der Schritt von der Kampagne zur Propaganda.

Hier muss eine kritische Diskussion des Mainstreaming-Effekts politischer und gesellschaftlicher Internetöffentlichkeit ansetzen. Mainstreaming ist ein Begriff aus der traditionellen Massenmedienforschung.[29] Er erinnert an die Tatsache, dass Medien immer mehr zur rigorosen Auswahl derjenigen Aspekte der Wirklichkeit gezwungen sind, die sie thematisieren und zu denen sie Informationen vermitteln wollen. Im Fernsehen besteht, jedenfalls in den Nachmittagsstunden, die Wirklichkeit fast nur noch aus Gerichtsverhandlungen und Krankenhausaufenthalten. Im Internet besteht die politische Wirklichkeit in viel höherem Maße als die politisch-gesellschaftliche reale Welt unserer Tage aus politischen Kampagnen. Lernen aus Massenmedien führt also in der Regel zur einseitig verzerrten Verbreitung sozialer Muster und dazu, dass sich die Vorstellungen des Publikums im Licht dieses einseitigen Bezugspunkts angleichen. Das nennt man Mainstreaming.

Wie paradox dieser Effekt sein kann, veranschaulicht und kritisiert Gabriele Winker am Beispiel der Problematik einer genderbewussten Gestaltung öffentlicher Räume in kommunalen E-Government-Portalen. Frauen kommen in der schönen neuen kommunalen Cyberwelt entweder gar nicht vor oder werden ontologisch völlig falsch eingeordnet. Sofern das Internet in kommunalen Portalen nicht sowieso sprachlich als frauenlose Gesellschaft konstruiert ist, wird die „Frau" als wandelbare „Lebenslage" definiert und entsprechend verlinkt, so wie „Arbeitslose" oder „Autobesitzer", die ihr Wunschkennzeichen reservieren möchten. In Reaktion auf diese Ausschlussmechanismen haben sich im Internet frauenspezifische Gegenöffentlichkeiten entwickelt. Das ist zugleich ein einschlägiges Beispiel gegen die cyber-idealistische These, das der Raum für mannigfaltige Teilöffentlichkeiten, die das Internet bietet, zu einer idealen Diskurssituation und weniger dem Argument der Macht als der Macht des besseren Arguments zur politischen Durchsetzung verhelfen werde.

Man darf nicht vergessen: Kommunikation ist weder schon an sich demokratisch oder mehrheitsfähig, geschweige denn informativ, nur weil sie über ein „angesagtes" Medium daherkommt. Ein öffentlich wenig beachtetes Beispiel dafür sind die institutionellen Möglichkeiten, sich per Internet über andere Länder zu informieren. Ein neuer Kanal dafür sind die Web-Präsenzen ausländischer Botschaften. Eine kritische Betrachtung der Internetpräsenz ausländischer Botschaften in Deutschland zeigt, dass die wachsende Bedeutung von Public Diplomacy (d.h. öffentlicher und zugleich nicht nur an die politische Elite, sondern die Gesamtbevölkerung anderer Länder gerichtete Diplomatie) erstaunlicherweise noch keine Entsprechung im Internet gefunden hat. Dazu gibt es den Artikel von Alexander Wolf, dessen Agentur an der Konzipierung von Botschaftsseiten mitarbeitet, und den politikerscreen.de-Test von Botschaftsseiten zu lesen. Auch hier zeigt sich, dass man im Internet nicht einfach eine virtuelle Welt konstruieren kann und dass die Cyberdiplomatie auf den Aufmerksamkeitsrahmen angewiesen ist, den ihr die bestehende reale Öffentlichkeit und die realen, finanziellen Mittel der Gestaltung einer virtuellen Diplomatie einräumen.

Hier setzt das Medium Internet den Möglichkeiten der Wirklichkeitsverzerrung oder der Wirklichkeitskonstruktion, die es technisch eröffnet, zugleich deutliche pragmatische Grenzen. Alle, die im Netz Informationspolitik oder eben auch Propaganda betreiben möchten, begeben sich genau damit auch in ein Feld nicht zu unterschätzender selbstorganisierter Checks and Balances. Insofern ist das Internet nicht mehr ein reines politisches Innovationsinstrument, sondern tatsächlich bereits zu einer elementaren Voraussetzung unserer Demokratie geworden.

Amerkungen

1 Niklas Luhmann: Soziologische Aufklärung. Bd. 3: Soziales System, Gesellschaft, Organisation. Opladen: Westdeutscher Verlag 1981, S. 26f.
2 Ebd., S. 28.
3 Genau andersherum wie bei Niklas Luhmann: Die Realität der Massenmedien. 2., erw. Aufl. Opladen: Westdeutscher Verlag 1996, z.B. S. 6.
4 Knapp dazu Ernst von Glasersfeld: Aspekte des Konstruktivismus. Vico, Berkeley, Piaget, in: Gebhard Rusch/Siegfried J. Schmidt (Hg.): Konstruktivismus. Geschichte und Anwendung. Frankfurt/M. u.a.: Suhrkamp 1992, S. 20-33. Für einen Gesamtüberblick: Stefan Jensen: Erkenntnis – Konstruktivismus – Systemtheorie: Einführung in die Philosophie der konstruktivistischen Wissenschaft. Wiesbaden: Westdeutscher Verlag 1999.
5 So bereits Heinrich Oberreuter: Wirklichkeitskonstruktion und Wertewandel. Zum Einfluß der Massenmedien auf die politische Kultur, in: Aus Politik und Zeitgeschichte, Nr. 27/1987, S. 17-29.
6 Lawrence K. Grossman: The Electronic Republic. Reshaping Democracy in the Information Age. New York u.a.: Viking Penguin 1995; Howard Rheingold: The Virtual Community. Homesteading on the Electronic Frontier. Reading, MA u.a.: Addison-Wesley 1993.
7 Daniel Egloff: Digitale Demokratie. Mythos oder Realität? Auf den Spuren der demokratischen Aspekte des Internets und der Computerkultur. 2. Aufl. Wiesbaden: Westdeutscher Verlag 2002.
8 Dazu ausführlich Andreas Beierwaltes: Demokratie und Medien. Der Begriff Öffentlichkeit und seine Bedeutung für die Demokratie in Europa. Baden-Baden: Nomos 2000.
9 Siehe bereits Heinrich Oberreuter: Legitimität und Kommunikation, in: Erhard Schreiber u.a. (Hg.): Kommunikation im Wandel der Gesellschaft. Düsseldorf: Droste 1980, S. 61-76.
10 Siehe J. Michael Sproule: Propaganda and Democracy. The American Experience of Media and Mass Persuasion. Cambridge u.a.: Cambridge University Press 1997.
11 Beispiele für politische Kampagnen finden sich bei Helmut Reitze: Wer wird Kanzler in de.land? Wie das Internet die Politik verändert, in: Alexander Siedschlag/Alexander Bilgeri/Dorothea Lamatsch (Hg.): Kursbuch Internet und Politik, Bd. 1/2001: Elektronische Demokratie und virtuelles Regieren. Opladen: Leske + Budrich 2001, S. 21-25 oder in Gregor Schönborn/Dagmar Wiebusch (Hg.): Public Affairs Agenda. Politikkommunikation als Erfolgsfaktor. Neuwied u.a.: Luchterhand 2002, S. 93ff. Interessante Analysen neuerer politischer Kampagnen liefern z.B. Gerd Strohmeier: Moderne Wahlkämpfe – wie sie geplant, geführt und gewonnen werden. Baden-Baden: Nomos 2002; Peter Filzmaier/Fritz Plasser: Wahlkampf um das Weiße Haus. Presidential Elections in den USA. Opladen: Leske + Budrich 2001, S.157-193; Marco Althaus/Vito Cecere (Hg.): Kampagne! Neue Strategien für Wahlkampf, PR und Lobbying. Münster: Lit 2003.
12 Siehe Oliver Märker/Matthias Trénel (Hg.): Online Mediation. Neue Medien in der Konfliktvermittlung – mit Beispielen aus Politik und Wirtschaft. Berlin: edition sigma 2003.
13 Marco Althaus: Strategien für Kampagnen. Klassische Lektionen und modernes Targeting, in: ders./Vito Cecere (Hg.): Kampagne! Neue Strategien für Wahlkampf, PR und Lobbying. Münster: Lit 2001, S. 12.
14 Für die Einstellung von Landtagsabgeordneten zum Einsatz neuer Medien in der Wahlkampfkommunikation siehe Thorsten Faas: www.ihr-kandidat-fuer-den-landtag.de. Einstellungen von Kandidaten bei Landtagswahlen zum Einsatz neuer Medien in der Wahlkampf-Kommunikation, in: Alexander Siedschlag/Alexander Bilgeri (Hg.): Kursbuch Internet und Politik, Bd. 2/2002: Schwerpunkt: Elektronische Demokratie im internationalen Vergleich. Opladen: Leske + Budrich 2003, S. 93-106. Zur Einstellung von Bundestagsabgeordneten siehe Dorothea Lamatsch/Alexander Bilgeri: Der MdB im WWW, in: Alexander Sied-

schlag/Alexander Bilgeri/Dorothea Lamatsch (Hg.): Kursbuch Internet und Politik, Bd. 1/2002: Schwerpunkt: Wahlkampf im Netz. Opladen: Leske + Budrich 2002, S. 75-89.

15   Vgl. Alexander Bilgeri/Dorothea Lamatsch: Offliner 2001 – Abgeordnete meiden die Datenautobahn, in: Klaus Koziol/Gerfried W. Hunold (Hg.): forum medienethik – E-Demokratie = Ende der Demokratie? München: KoPaed-Verlag 2001, S. 55-59.

16   Zu allen diesen genannten Aspekten siehe Winfried Schulz: Politische Kommunikation. Theoretische Ansätze und Ergebnisse empirischer Forschung zur Rolle der Massenmedien in der Politik. Opladen: Westdeutscher Verlag 1997.

17   Vgl. hierzu. Michael Weber/Clemens Koob: Die Genese politischen Wissens im Internet, in: Klemens Joos/Alexander Bilgeri/Dorothea Lamatsch (Hg.): Mit Mouse und Tastatur. Wie das Internet die Politik verändert. München: Olzog 2001, S. 30-48.

18   Ein Beispiel hierfür sind E-Mail-Aktionen wie „Schreiben Sie Ihrem Abgeordneten/Minister/Kanzler". In den standardisierten, zur Verfügung gestellten E-Mails werden die Argumente der Kampagne dargestellt, lediglich der Absender ist noch einzutragen. Ein Beispiel hierfür findet sich unter http://www.junge-union.de/flatrate zum Thema „Flatrate".

19   Dazu Beierwaltes, Demokratie und Medien (Anm. 8), S. 159-170.

20   Fallbeispiele finden sich in Manfred Piwinger/Monika Prött (Hg.): Ausgezeichnete PR. Von Profis lernen: Fallbeispiele exzellenter Kommunikation. Frankfurt: F.A.Z.-Institut für Management-, Markt- und Medieninformation GmbH 2002.

21   Georg Franck: Ökonomie der Aufmerksamkeit. Ein Entwurf. München u.a.: Hanser 1998, S. 69. Hierzu auch Florian Rötzer: Digitale Weltentwürfe. Streifzüge durch die Netzkultur. München u.a.: Hanser 1998, S. 83f.

22   Weiterführend Alexander Bilgeri: Das Phänomen Lobbyismus. Eine Betrachtung vor dem Hintergrund einer erweiterten Strategie-Struktur-Diskussion. Lindau: PRO-motion 2001, S. 40-47.

23   Florian Schütz: Managementsysteme und Strategien. State of the Art und neue Perspektiven. Wiesbaden: Deutscher Universitäts-Verlag 1998, S. 192ff.

24   Luhmann, Realität der Massenmedien (Anm. 3), S. 58.

25   Vgl. Winfried Schulz, Politische Kommunikation (Anm. 16), S. 236.

26   Zu allen angesprochenen Aspekten siehe Lee Rainie/Susannah Fox/Deborah Fallows: The Internet and the Iraq War. How Online Americans have used the Internet to learn war news, understand events, and promote their views. Washington D.C. 2003, abrufbar unter http://www.pewinternet.org/reports/pdfs/PIP_Iraq_War_Report.pdf.

27   Siehe dazu bereits die Zusammenstellung einiger einschlägiger Beispiele in Alexander Siedschlag/Arne Rogg/Carolin Welzel: Digitale Demokratie. Willensbildung und Partizipation per Internet. Opladen: Westdeutscher Verlag 2002, S. 85-94.

28   Manuel Castells: Der Aufstieg der Netzwerkgesellschaft. Teil 1 der Trilogie Das Informationszeitalter. Übersetzt von Reinhart Kößler. Opladen: Leske + Budrich 2001, S. 406-415.

29   Zur Einführung in die grundlegenden praktischen Ansätze zur Untersuchung politischer Kommunikation unter den Bedingungen der Massenmedien siehe Gerhard Vowe: Politische Kommunikation, in: Herfried Münkler (Hg.): Politikwissenschaft. Ein Grundkurs. Reinbek bei Hamburg: Rowohlt 1993, S. 519-552.

Britta Schemel

Das Internet im Bundestagswahlkampf 2002
Anlass und Instrument der Parteienmodernisierung

„Online" sein, heißt heutzutage „in" sein. Das Internet – das so genannte „Netz der Netze" – hat sich einen festen Platz in der politischen Kommunikation erobert.[1] Die im Bundestag vertretenen Parteien betreiben aufwändige Homepages mit eigenen Online-Redaktionen. Klar, dass das Internet nicht nur den Abstand zwischen Politikern und Bürgern verkleinert, sondern auch den politischen Prozess, sowie die Art und Weise, wie Politik gemacht wird, beeinflussen kann. Dies eröffnet neue Möglichkeiten und ebenso aktuelle wie langfristige Herausforderungen an die Parteien. Vorausgesetzt, sie verstehen das Kommunikationspotenzial des Internets für sich zu nutzen, um den veränderten gesellschaftlichen Rahmenbedingungen zu begegnen. Denn Parteibindungen werden lockerer, Wähler wankelmütiger und Einflüsse auf die Wahlentscheidung kurzfristiger. Mit der Zahl unentschlossener „Last-Minute-Wähler" steigt die Bedeutung der politischen Kommunikation im modernen Wahlkampf.

Das Internet verleiht der Politik neue Impulse, und die Parteien in Deutschland müssen sich den neuen Aufgaben stellen. Es zählt, was sie aus den ihnen gegebenen Möglichkeiten machen.[2] Ob und wie ihnen dies zur Bundestagswahl 2002 gelang, war Gegenstand einer ausführlichen Untersuchung.[3] Wie setzten die Parteien das Internet zur politischen Wahlkampfkommunikation 2002 ein und nutzten es für sich? Inwieweit wandelte sich dabei die politischen Kommunikation? Dieser Beitrag fasst die wichtigsten Ergebnisse zusammen.

Ein gleichwertiges Kampagneninstrument

Beim Bundestagswahlkampf 2002 wurde das Internet erstmals, neben den klassischen Werbeträgern, als gleichwertiges Kampagneninstrument eingesetzt. Die Parteien mussten mit ihrer Präsenz im Online-Wahlkampf beweisen, dass sie das Medium verstanden haben.[4]

Die Wahlkampfkommunikation findet herkömmlich im Dreieck von Parteien, Medien und Wählern statt. Diese lässt sich als „fokussierte und zugleich gesteigerte Kommunikation" begreifen.[5] Dabei lassen sich zwei unterschiedliche Interaktionsprozesse der Wahlkampfkommunikation spezifizieren, nämlich der direkte Austausch zwischen Parteien und Wählern sowie der indirekte, durch die Medien vermittelte Kommunikationsfluss. In der Wahlkampfkommunikationsforschung haben bislang die durch die Medien vermittelten Kommunikationsprozesse zwischen Parteien und Wählern die breiteste Aufmerksamkeit gefunden. Doch der direkte Kontakt zwischen Parteien und Wählern rückt durch das neue Medium Internet stärker in den Blickpunkt des Interesses der Parteien. Sie können sich jetzt selbstbestimmt an die Öffentlichkeit wenden, die medialen „gatekeeper" umgehen und ihre politischen Informationen ungefiltert vermitteln. Zudem ermöglicht das Internet eine differenzierte Informationsakquise, je nach Bedarf und Bedürfnis des einzelnen Bürgers.[6] So ist politische Kommunikation „nicht nur Mittel der Politik. Sie ist auch selbst Politik".[7]

Die traditionellen Medien politischer Kommunikation sind Einbahnstraßen, die den Bürger auf die Rolle des Empfängers festlegen. Das Internet hingegen bietet aufgrund seiner Interaktivität die Chance eines wechselseitigen Kontaktes. Die Voraussetzungen für eine höheren Responsivität der Politik gegenüber den Interessen der Bürger werden mit dem Internet verbessert.

Der direkte Draht zum potenziellen Wähler

Der Rückblick auf die knapp achtjährige Geschichte der Virtuellen Parteizentralen zeigt, dass die Internet-Präsenzen politischer Parteien auf längere Sicht eine nicht zu unterschätzende Rolle für die Parteien spielen. Zur Bundestagswahl 2002 galten die Computernetze als strategisch wichtiges Element für einen professionellen Wahlkampf. Durch sie konnte die Parteibasis und die in den Wahlkampf involvierten Parteigliederungen schnell und flächendeckend mobilisiert werden. Der Bundestagswahlkampf war im Jahr 2002 durch eine weitere Intensivierung politischer Kommunikation im Internet gekennzeichnet, nachdem er 1998 nur „Erkundungsfunktionen" für Online-Aktivitäten gehabt hatte.

Insbesondere kam das *Voter-Relationship-Management-Modell (VRM)* zum Tragen. Es unterstützt die Politik als Maßnahme des politischen Marketings bei der Anbindung an Wähler, Unterstützer, Medien und Mitglieder. Die Nachfrage kann im Internet leichter ermittelt werden und das Angebot schneller angepasst werden. Vor dem Hintergrund des abnehmenden politischen Interesses breiter Schichten stellt politisches VRM ein Mittel des Umwerbens von Zielgruppen und Bewerbens von Inhalten dar.

Durch das Internet ist es für die Parteien möglich, direkten Kontakt zum potenziellen Wähler herzustellen. Technisch sind die Voraussetzungen die gleichen wie bei der Wirtschaft. Auch inhaltlich bieten die Interessen von Wirtschaft und Politik vergleichbare Akzente. Die politische Kommunikation basiert oft auf Regeln der Ökonomie. Die Parteien möchten ihre „Produkte" auch im Internet bewerben: Personen, Inhalte, Erfahrung und Glaubwürdigkeit stehen im Angebot.[8] Der potenzielle Wähler ist „Kunde" und soll davon überzeugt werden, dass seine Interessen vertreten werden. In jedem Fall soll er wiederkommen. Im Gegenzug erhalten die Parteien die Unterstützung des Kunden: Wählerstimme, Spende oder Mitgliedschaft. War der potenzielle Wähler auch wirklich König bei den Online-Angeboten der Parteien zur Bundestagswahl 2002? Das wird nun erläutert.

Das Online Campainging – eine zukunftsträchtige neue Rolle für die Parteien

Die im Bundestag vertretenen Parteien haben ein Jahr vor der Bundestagswahl 2002 mit Planungen für die jeweiligen Internet-Kampagnen begonnen. Um ausreichend Einblick in die geplanten Internet-Aktivitäten zum Bundestagswahlkampf 2002 zu erhalten, wurden im Rahmen der Studie die jeweiligen Redaktionsleiter beziehungsweise Verantwortlichen für den Internet-Auftritt der im Bundestag vertretenen Parteien im Mai 2002 in qualitativen Experteninterviews befragt. Bei der FDP übernahm das Interview nicht ein Vertreter der Partei, sondern der Leiter des Universum Verlags, der für das Internet-Angebot der FDP verantwortlich war. Dies belegt, dass die FDP als einzige Partei die Betreuung ihres Online-Angebots komplett ausgliederte.

Folgende Experten gaben exklusive Einblicke in Strukturzusammenhänge und strategische Wandlungsprozesse der Wahlkampfstäbe und Parteiorganisation:

Kajo Wasserhövel (SPD – Büroleiter des SPD-Fraktionsvorsitzenden Franz Müntefering sowie ab Oktober 2001 Leiter des Arbeitsbereiches Online-Wahlkampf der SPD-Wahlkampfzentrale Kampa 02),

Stefan Scholz (CDU – ab 2001 Teamleiter Online Services der CDU sowie verantwortlich für den Internet-Wahlkampf der Partei),[9]

Uwe Evers (FDP – ab Januar 2000 Leiter der Universum Verlagsanstalt GmbH KG in Berlin und verantwortlich für das Internet-Angebot der FDP),

Martin Icke (PDS – verantwortlich für Online-Wahlkampf der PDS 2002),[10]

Michael Scharfschwerdt (Bündnis 90/Die Grünen – ab Oktober 2001 Büroleiter des Politischen Bundesgeschäftsführers von Bündnis 90/Die Grünen, Reinhard Bütikofer, und Online-Wahlkampfmanager).[11]

Durch den nicht standardisierten Gesprächsablauf wurde die Möglichkeit offen gehalten, verschiedenen Interviewpartnern unterschiedliche Fragen zu stellen. Dazu wurde explizit für diese Untersuchung ein Fragenkatalog entwickelt. Es ergab sich, dass insgesamt die Großparteien den kleineren Parteien deutlich voraus sind. Die Kleineren orientierten sich am Online-Wahlkampf der SPD und CDU. Aus diesem Grund wurden die Experteninterviews von der FDP, PDS und Bündnis 90/Die Grünen als Hintergrundwissen verwendet und nur die Experteninterviews der Großparteien detailliert analysiert.

Noch nie zuvor war es bei einem Wahlkampf in Deutschland so offensichtlich, dass politische Auseinandersetzung in der Demokratie immer mehr am technischen Know-how hängt – und das Professionalisierung im Politikmanagement heute geradezu zum Aushängeschild geworden ist.[12] Zur Bundestagswahl 2002 verzichtete keine der im Bundestag vertretenen Parteien auf professionelle Unterstützung durch Agenturen. In einem noch nie da gewesenen Maß setzten die deutschen Parteien auch auf das Internet als PR-Medium und führten einen Online-Wahlkampf.

Die Agenturen – Professionelle Unterstützung für die Parteien

A&Bface2net[13] heißt die Agentur der SPD, die für die KAMPA 02 der SPD die
Online-Kampagne konzipiert hat und mit deren Umsetzung zur Bundestagswahl
2002 betraut war. Die SPD hat schon früh die vielfältigen Potenziale des „Online
Campaigning" erkannt und die Internet-Kommunikation langfristig in die jeweiligen Wahlkampfphasen eingegliedert. Im Juli 2001 schloss sie eine Neukonzeption
ihres Intranets als internes Arbeits-, Kommunikations- und Informationssystem ab.
Das neue Intranet ist zentraler Baustein in einem breit angelegten Prozess der Or-
ganisationsoptimierung. Die Agentur A&Bface2net unterstützte sowohl die Parteizentrale als auch einzelne Landesverbände bei der Implementierung der neuen In-
tranetstruktur. Mit SPD-Online wurde der Grundstein für die Kampagnenfähigkeit
der Partei, ihrer Funktionsträger und Mitglieder gelegt.

Für den Online-Wahlkampf der christdemokratischen ARENA 02 zeichnete
M.E.C.H.[14] verantwortlich. Das ist eine Agentur der deutschen McCann-Erickson-
Gruppe, die im Sommer 2001 mit der Wahlkampfkampagne der CDU beauftragt
wurde. Sämtliche Ereignisse wurden stets von entsprechenden Online-Aktivitäten
begleitet. Gerade entlang dieser politischen Online-Events zeigt sich die Notwendigkeit zu Vernetzung und Verflechtung unterschiedlicher Wahlkampfkanäle, um
eine optimale Ressourcennutzung und eine gleichzeitige Reichweitensteigerung zu
realisieren.

In erster Linie wurden die Agenturen mit der professionellen Beratung (Net
Consulting) der Parteien betraut. Dazu gehörte die Planung und Durchführung der
Kampagnen sowie die Sychronisierung des Bundestagswahlkampfes der SPD und
CDU im Internet. Weiterhin lag ihre Verantwortung in der Konzeption und Kreati-
on von medienspezifischen Content-Formaten für den Internet-Wahlkampf 2002.
A&Bface2net steuerte alle Workflow-Prozesse im Arbeitsbereich Online-Wahl-
kampf in der KAMPA 02. Ähnlich arbeitete das Online-Team von M.E.C.H. Des
Weiteren sorgten die Agenturen für Konzeption, Screen-Design und Aufbau der
einzelnen Wahlkampf-Sites mit Web-Produktion, wie Banner, Flash- oder Video-
Produktion.

Oberstes Ziel der professionellen Unterstützung durch die Agenturen war die
nachhaltige Entwicklung und Verbesserung der Kampagnen- und Kommunikationsfähigkeit der Parteien. Dies umfasste den Aufbau beziehungsweise die Konsoli-
dierung von extra Wahlkampf-Sites oder bereits bestehender Internetplattformen.

Eigens für den Internet-Wahlkampf 2002 wurden Kampagnenkonzepte erar-
beitet. Beratung, Prozesssteuerung, koordinierte Konzeption und Screen-Design der
Wahlkampf-Sites wie auch Gestaltung und Programmierung auf Basis des einge-
setzten Content-Management-Systems sowie Produktion unterschiedlicher Content-
Elemente beschrieben die darin gesetzten Maßnahmen. Die Agenturen sorgten
ebenfalls für die Schulung der Redaktionsverantwortlichen im Online-Bereich und
trugen die Verantwortung der Workflow-Organisation und der Geschäftsprozessop-
timierung. Zu den verwendeten Instrumenten und Dienstleistungen zählten auch:
Aufbau, Pflege und Betreuung von E-Mail-Verteilern, Mailing- und SMS-Aktionen
sowie Umsetzung von Ideen für Online-Kampagnen oder Spiele.

Die Online-Plattformen von SPD und CDU zur Bundestagswahl 2002

SPD und CDU führten den innovativsten Internetwahlkampf im Bundestagswahlkampf 2002. Mit Professionalität und Originalität hat die SPD-KAMPA 1998 Maßstäbe gesetzt. Im Bundestagswahlkampf 2002 bestand für beide Großparteien eine besondere Herausforderung in der Mobilisierung von Mitgliedern, Wählerinnen und Wählern. Die Wahlkampfzentralen der SPD und CDU waren mit neuester Technik ausgestattet, eine Reihe von innovativen Wahlkampfinstrumenten wurde vorbereitet. Die externen Dienstleister waren sowohl in der KAMPA 02 als auch in der ARENA 02 mit eigenen Mitarbeitern vertreten. Schließlich sollte das Prinzip kurzer Wege und schneller Entscheidungen in allen Bereichen gelten.

Die SPD-Wahlkampfzentrale KAMPA 02 hatte in diesem Wahlkampf für das Internet einen eigenen Arbeitsbereich Online-Wahlkampf aufgebaut, der das Medium vorbildlich bedienen sollte. Im Wahlkampf 1998 gab es diesen Arbeitsbereich noch nicht. Der Arbeitsbereich Online-Wahlkampf erfüllte seine Querschnittsfunktion in der KAMPA 02 für eine nachhaltige Entwicklung der Online-Medienkompetenz in der Mitgliederpartei SPD. Die Aufgaben vom Arbeitsbereich Online-Wahlkampf ergänzten die Aufgaben der Agentur. Dazu gehörten unter anderem die Konzeption des Online-Campaigning, der Aufbau einer Internet-Wahlkampfstruktur, die Pflege und Betreuung von Diskussionsforen, Chats, Entwicklung von Themen und Fragestellungen für Online-Aktionen wie auch Kontaktaufbau zu anderen Online-Medien. Auch für den E-Mail-Pool und die Beantwortung aller eingehenden E-Mails zeichneten sich die Beschäftigten des Online-Bereichs verantwortlich.

In der nun zusammengefassten Auswertung wird nach VRM-Modell auf die Online-Präsenzen der im Bundestag vertretenen Parteien (insbesondere CDU und SPD) eingegangen. Verschiedene Methoden zum digitalen Kundenmanagement werden anhand von Praxisbeispielen vorgestellt und die VRM-Fähigkeit der deutschen Politik-Landschaft diskutiert.

Die externen Plattformen der SPD

www.spd.de – Hauptplattform, Zieladresse für die breite Öffentlichkeit

Das Internet-Portal der SPD war zur Zeit des Wahlkampfes untergliedert in zielgruppen- und themenspezifische Channels für:

Presse (www.presse.spd.de),
Jugendliche (www.next.spd.de),
Partei-Netzwerke wie Arbeitsgemeinschaften, Foren (www.netzwerk.spd.de)
Wahlkampf (www.kampa02.de).

> „Die SPD hat im Internet die Nase vorn", meinte die Zeitschrift „Capital".[15] Vor allen anderen Parteien und über 10 000 deutschen Unternehmen erreichte die SPD in einer kurz vor der Bundestagswahl erschienenen Studie des Magazins Platz 1. Insbesondere beim Inhalt lag die Partei weit vor der Konkurrenz. Im Auftrag von „Capital" untersuchte das Dortmunder „Profnet Institut für Internetmarketing" die Auftritte aller im Bundestag vertretenen Parteien. Das inhaltliche Angebot überzeugte wegen der Informationstiefe. Die Seite stellte im Servicebereich eine große Zahl von Funktionen bereit, wie Pressemitteilungen und Newsletter. Kontakt mit dem

Nutzer wird bei den Sozialdemokraten groß geschrieben. Der regelmäßige General-Chat mit Franz Müntefering gehörte ebenso zum Angebot wie Diskussionsforen, Abstimmungen, zahlreiche E-Mail-Adressen, Feedback-Formular und verschiedene Downloads.

Abb. 1: www.spd.de - Homepage der SPD (8.8.2002)

www.nicht-regierungsfaehig.de – Wahlkampf-Site zur Konkurrenzanalyse und Gegnerbeobachtung.

Dieses Rapid Response Tool zur Auseinandersetzung mit dem politischen Gegner („negative campaigning") bot schnelle Reaktions- und Analysemöglichkeiten und schuf eine Plattform für Infotainment-Formate mit multimedialen Inhalten. Die

SPD hatte im Wahlkampf 2002 einen neuen Feind: Edmund Stoiber. Ihm hatte sie die Seite nichtregierungsfaehig.de gewidmet und wollte so die Auseinandersetzung mit der CDU/CSU führen, dabei Kontroversen und Widersprüche aufdecken sowie Reaktionen auf aktuelle Ereignisse bringen.

Abb. 2: www.nicht-regierungsfaehig.de – Auseinandersetzung mit dem politischen Gegner (8.8.2002)

www.gerhard-schroeder.de – Kandidaten-Site, offizielle Personality-Site des SPD-Kanzlerkandidaten und amtierenden Bundeskanzlers
www.kampa02.de – zentrale Wahlkampf-Site als Channel in spd.de
www.o.c.t.info – Aktions-Site, Rekrutierung freiwilliger Online-Wahlkampfhelfer.
www.politik-glossar.de – Themen-Site

Die internen Plattformen der SPD

www.spd-online.de – Mitgliedernetz

Das Mitgliedernetz der Partei, innerhalb dessen es im Wahlkampf einen speziellen KAMPA 02-Bereich gab, bot allen Parteimitgliedern Zugang zu einer Kommunikations- und Arbeitsplattform mit Wahlkampfmaterialien zum Download, FAQ, Argumentationshilfen für die Wahlkämpfer vor Ort. SPD-Online erhöhte die Kampagnenfähigkeit der Partei und konnte allen Parteigliederungen eine Plattform für die interne Kommunikation anbieten.

Kampa-Informationssystem (KIS)

Mit dem Kampa-Informationssystem ließen sich sämtliche Wahlkampfaktivitäten auf Wahlkreisebene koordinieren und dokumentieren. Dadurch konnte der Aktivitäts- und Mobilisierungsgrad der insgesamt 299 Wahlkreise objektiv bewertet werden. Das KIS diente der KAMPA 02 als zentrales Steuerungsinstrument des Wahlkampfes auf Wahlkreisebene.

Die externen Plattformen der CDU

www.cdu.de – Hauptplattform, Zieladresse für die breite Öffentlichkeit

Kernstück und traditionelle Stärke der CDU-Homepage ist das umfangreiche inhaltliche Angebot. Ihre politischen Positionen zu verschiedenen Themen stellten die Christdemokraten ausführlich dar. Die redaktionelle Bearbeitung des Inhalts hätte mitunter stärker ausfallen können. Das aktuelle Geschehen fokussieren ein Tages- und ein Wochenthema sowie die jüngsten Pressemitteilungen von Partei und Fraktion. Diese Verlautbarungen auf der Startseite sind mit Querverweisen zu entsprechenden Hintergrundinformationen versehen. Positiv fiel die politische Datenbank der Seite auf. Dokumente und Statements zu mehr vielen Themen – von A wie Alterssicherung bis Z wie Zuwanderung – warteten auch hier auf den politisch interessierten Nutzer. Viele E-Mail-Adressen, Möglichkeiten zu Online-Spenden, Informationen zur Mitgliedschaft und ein gutes Diskussionsforum hielt dieses Angebot bereit.

Maßstäbe setzte die CDU im Servicebereich. So bot sie gleich mehrere Newsletter für verschiedene Themenbereiche und unterhielt einen umfangreichen Presseservice inklusive Bilddatenbank. Ein E-Shop gehörte ebenso zum Webauftritt wie Terminkalender, Suchmaschine und Stellenangebote. Ein ansprechender Überblick über das gesamte Webangebot in Form einer kurzen Sitetour rundete den Servicebereich ab.

www.zeit-fuer-taten.de – zentrale Wahlkampf-Site

www.zeit-fuer-taten.de war die Wahlkampfseite der CDU. Das Portal arbeitete die Ziele des Regierungsprogramms der Union internetgerecht auf und bot Lösungsvorschläge für die wichtigsten politischen Richtungsentscheidungen der 15. Legislaturperiode. Bei zeit-fuer-taten.de handelte es sich um einen klassischen Informationskanal. Es ging um das Aufzeigen von Lösungswegen der Union zu entscheidenden Wahlkampfthemen des Bundestagswahlkampfes 2002. Neu war der Ansatz der politischen Kommunikation im Netz. Abweichend vom bekannten Zugang für den Nutzer über eine thematische Gliederung der Einstiegsseite, konnte der Nutzer bei diesen Seiten seinen eigenen Zugang wählen: mit Themen, Menschen und Regionen standen ihm drei verschiedene Wege zur Auswahl.

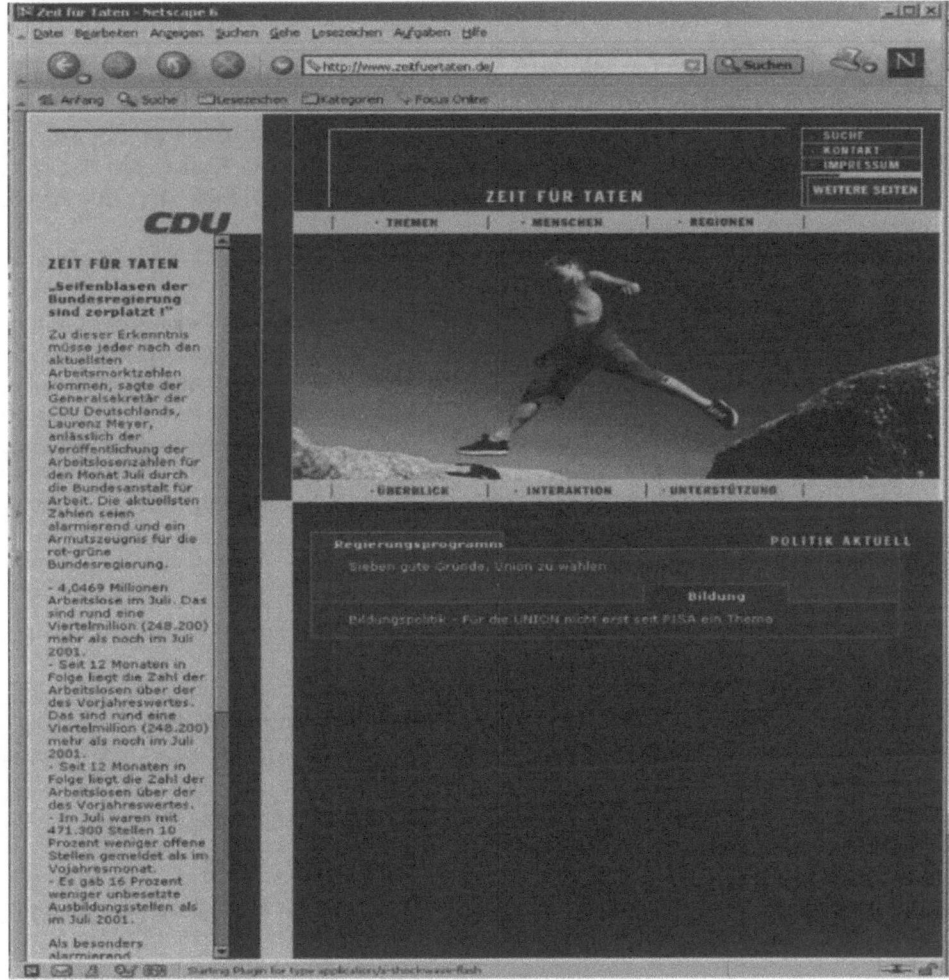

Abb. 3:   www.zeit-fuer-taten.de (8.8.2002)

www.wahlfakten.de – zentrale Wahlkampf-Site nach dem Rapid-Response-Modell

Mit der Rapid-Response-Seite wahlfakten.de hatte das CDU-Wahlkampfteam bereits im November 2001 eine Internet-Domain eingesetzt, die eine potenziell wirksame Waffe für den Internetwahlkampf darstellte. Dort wurde Wählern, Journalisten und politisch interessierten Bürgern die wichtigsten Fakten zu wahlkampfrelevanten Aussagen und Behauptungen der politischen Gegner geboten.

„Rapid Response" wurde von der CDU erstmalig als Wahlkampf-Tool in Deutschland genutzt. Allerdings ist die Methode nicht neu. In den Wahlkämpfen angelsächsischer Länder, vor allem in den USA, wird „Rapid Response" schon seit einigen Jahren eingesetzt. Mit diesem Wahlkampfinstrument kann unmittelbar auf Äußerungen des politischen Gegners reagiert werden. Ziel ist die sofortige Widerlegung zentraler Äußerungen des Konkurrenten. Dazu werden argumentative Schwachstellen aufgedeckt und mithilfe von gegensätzlichen Argumenten konterkariert.

Dabei konzentrierte sich die CDU ausschließlich auf die SPD als politischen Gegner. Mit über fünfzig Prozent nahmen die Reden des Bundeskanzlers einen besonders großen Raum ein. Abgesehen von Schröder befanden sich auch Otto Schily, Walter Riester, Hans Eichel und Franz Müntefering im Kreuzfeuer der Kritik. Darüber hinaus wurden mit dem SPD-Wahlprogramm 2002 und der SPD-Anzeigenserie zwei Wahlkampfinstrumente kommentiert.

Zweifellos war wahlfakten.de sehr aktuell. Ein Beispiel: Unmittelbar nach dem Auftritt Schröders am 21. Juli 2002 um 19.10 Uhr[16] konnten sich die Nutzer schon ab 19.13 Uhr die von der CDU ausgewählten Zitate seines Interviews mit den entsprechenden Kommentaren auf wahlfakten.de anschauen. Auch inhaltlich, das heißt bei den so genannten Widerlegungsfakten, wurde wahlfakten.de seinem Anspruch gerecht.

Fraglich bleibt, ob die Rapid-Response-Seite der CDU tatsächlich eine gründliche Auseinandersetzung mit politischen Themen bieten kann. Dem selbst formulierten Anspruch eines umfassenden Informationsangebots wurde die Seite nicht gerecht. Das „Rapid Response Tool" scheint für den Bürger zu detailliert und analytisch sowie für Journalisten zu deutlich politisch gefärbt.

www.stoiber.de – Kandidaten-Site, offizielle Personality-Site des CDU/CSU-Kanzlerkandidaten Edmund Stoiber

Ab dem 15. Mai 2002 konnten die Internetnutzer unter stoiber.de den Spitzenkandidaten der Union, Edmund Stoiber, näher kennen lernen. Auf der Seite präsentierte sich Stoiber als Kanzlerkandidat, Staats- und Privatmann. Mit dieser Dreiteilung erhielt die Seite eine klare Strukturierung und ermöglicht eine übersichtliche Navigation.

www.wahlkreis300.de – Politiksimulationsspiel der CDU, für Erstwähler entwickelt

Abb. 4: www.wahlfakten de (13.8.2002)

Die internen Plattformen der CDU

www.cdunet.de – internes Netz für Parteimitglieder

Das Netz diente der Information und Motivation von CDU-Mitgliedern. Hier fanden sie Wahlkampfmaterialien und Kampagnenmittel zum Download sowie Argumentationshilfen, Texte und Musteranzeigen aller Art für den Wahlkampf vor Ort. Das Angebot wurde noch durch interne E-Mail und SMS-Verteiler ergänzt.

www.kandinet.de – internes Netz explizit für die Bundestagskandidaten zur Bundestagswahl

Parteienmodernisierung im Wahlkampf – Die Sicht der Campaigning-Experten

Die Entwicklung der politischen Kommunikation im Internet hängt wesentlich von den Online-Angeboten der Parteien und von der Einschätzung des Potenzials des Internets seitens der jeweils Verantwortlichen ab. Die spezifischen Aussagen ließen teilweise deutlich die Ziele der Parteien erkennen, die mit ihren Websites zur Bundestagswahl 2002 verbunden waren. Aus den Experteninterviews wurden typische Bestandteile und Kriterien herausgezogen und wie folgt zusammengefasst:

Bedeutung des Online-Wahlkampfes Bundestagswahl 2002

Auch online ist der Wahlkampf 2002 professionell geworden. Die im Bundestag vertretenen Parteien nutzten das Internet weitaus besser als 1998. Damals war das Internet nur eine Art Spielwiese, um sich als modern zu präsentieren. Inzwischen mussten die politischen Akteure deutlich mehr leisten, um ernst genommen zu werden. Dies scheinen die Parteien erfasst zu haben.
Auf die Frage, welchen Stellenwert das Internet im Bundestagswahlkampf 2002 im Vergleich zum Wahlkampf 1998 hatte, gab die SPD eine klare Einschätzung: „Einen deutlich höheren." Drei Gründe sprechen, nach Meinung der Partei, dafür.

> „1. Die quantitative Veränderung im Nutzerverhalten. Wir haben im Vergleich zu 1998 viermal soviel Menschen im Internet. Wir haben mittlerweile 30 Millionen Internetnutzer und hatten 1998 im September sechs Millionen Internetnutzer. 2. Die qualitative Veränderung. Es geht nämlich nicht nur um die Quantität, sondern auch um die Qualität der Nutzung. Das Internet wird von den Usern nachhaltiger und souveräner genutzt als '98. Und der 3. Punkt: Die Frage der Internet-Kampagne ist in diesem Wahlkampf der Innovationsnachweis: Wer macht eigentlich die beste Kampagne? Das war 1998 eine bestimmte Modernität in der Kampagnenorganisation, damals eine externe Wahlkampfzentrale, externe Berater auch einzubeziehen, eine bestimmte Form des werblichen Auftritts. Da haben die anderen Parteien jetzt auch gleich gezogen. Und das Thema in diesem Wahlkampf ist sehr stark der Bereich der Internetkampagne."

Auch die CDU war ähnlicher Meinung: „1998 hat es gereicht, einfach online zu sein, um Modernität auszustrahlen. Heute muss es ein vernünftiger Auftritt sein, der auch einen Zweck erfüllt, der über das reine Image hinausgeht." Im Internet müsse ein Kommunikationsziel gesetzt und erreicht werden, das über reine Imagegenerierung hinausgehe. Durch das Wachsen der Reichweite des Internets in den letzten vier Jahren könne man klar sagen, „dass der Stellenwert des Internets gegenüber 1998 gewachsen ist." Bündnis 90/Die Grünen gaben an: „Das Internet ist für uns, gerade als kleine Partei, das Medium, wo die gesamte Kommunikation läuft." Von den potenziellen Wähler, der einen Online-Anschluss hat, seien sie jetzt „einen Mausklick entfernt."
Neben dieser verstärkten öffentlichen Nutzung des Internets sei seine Bedeutung auch in der internen Kommunikation deutlich gewachsen. Bei der CDU gab es das kandinet.de für die Bundestagskandidaten und das cdunet.de für die Parteimitglieder. Auf diesen Wegen stellte die Partei „Materialien und Kampagnenmittel, Argumentationshilfen, Texte, Musteranzeigen und weitere Wahlkampfmaterialien

für die Wahlkämpfer vor Ort zur Verfügung. Dieses Angebot wird ergänzt durch interne E-Mail und SMS-Verteiler."

Online-Wahlkampfstrategie

Bei der Gestaltung ihrer jeweiligen Online-Wahlkampfstrategie haben die deutschen Parteien von den Wahlkampfstrategen der USA gelernt: Spezielle Websites sollten spezielle Wählergruppen erreichen. Gerade um „verschiedene Zielgruppen unterschiedlich ansprechen zu können" präsentierten sich die Christdemokraten mit mehreren Wahlkampfplattformen im Internet. Sie hielten sich aber dabei an bewährte Marketing-Strategien aus der Wirtschaft: „Don't split your traffic."

Die SPD hat dies ebenfalls längst erkannt und ist sich darüber bewusst, „dass der Online-Wahlkampf eingebettet sein muss in den Gesamtwahlkampf." In diesem Sinne konnte das Netz auch als Seismograph der politischen Kommunikation mit dem Bürger genutzt werden, denn es war „das Vorgeplänkel für den gesamten Wahlkampf." Man konnte dies vor allem über die Diskussionsforen und eingehende E-Mails beobachten. Die CDU strebte 2002 „eine integrierte Kampagne" an, was bedeutet, „dass die Themen, die offline behandelt werden, sich online widerspiegeln." So sind die Netzaktivitäten genau auf den übrigen Wahlkampf abgestimmt. Ähnlich angelegte Konzepte verfolgten die anderen deutschen Parteien.

Zur Frage, welche kommunikativen Instrumente für das Online-Campaigning genutzt werden und ob es gewisse Standards gibt, die zu einer professionellen Seite gehören, gab die CDU an: „Bei der Multimedialität müssen Video- und Soundfiles da sein. Im Bereich der Interaktivität E-Mail-Adressen, und nicht nur eine, sondern für verschiedene Interessen und Zielgruppen verschiedene E-Mail-Adressen, die dann nach Möglichkeit direkt beim Ansprechpartner landen."

Die Nachhaltigkeit in der Nutzerbindung sei nach Angaben der SPD ein weiterer wichtiger Punkt. Auch andere Aspekte versuchen die Sozialdemokraten zu beachten, weil diese möglicherweise in Zukunft zunehmend eine Rolle spielen: „Für uns ist eine Online-Kampagne mehr, als eigene Seiten ins Netz zu stellen." Als Partei wolle die SPD „überall dort im Netz Präsenz entwickeln, wo über Politik entschieden und diskutiert wird. Es zeigt sich, eine Strategie, die nur die eigenen Seiten im Blick hat, ist viel zu kurz." So war das Internet intern und extern ein wesentliches Steuerungsinstrument für die Kampagne zum Bundestagswahlkampf 2002.

Veränderungen und Neuigkeiten in der politischen Kommunikation

Ein neues Tool der CDU war www.wahlfakten.de, das Rapid-Response-Modell. Ein weiterer neuer, und für den Wahlkampf eher ungewöhnlicher Ansatz, war die Politik-Simulation www.wahlkreis300.de. Initiiert von den Christdemokraten, konnte „in diesem virtuellen Wahlkreis jeder online Wahlkampfatmosphäre schnuppern". Politik-Simulationen, wie dol2day zum Beispiel, gibt es zwar schon länger im Netz, nach Meinung der CDU lehne sich bisher „keine so eng an den realen Bundestagswahlkampf an". Auch parteiferne Nutzer wollte die Partei so für sich gewinnen.

Durch Entwicklung der elektronischen Medien haben sie drastische Veränderungen erfahren und an Autonomie verloren. „Durch die Schnelligkeit, mit der Informationen heutzutage verteilt werden, haben die Parteien oft nicht mehr die Chance, eine geregelte Meinungsbildung in der eigenen Organisation ablaufen zu lassen" analysiert die SPD. „Ich glaube", so Kajo Wasserhövel,

> „dass die Parteien insgesamt da jetzt an einen Scheideweg kommen. Dort schaffen sie es entweder wieder, über den Au7fbau und die Nutzung interner Mitgliedernetze wieder Autonomie bei der Informationsverteilung und beim Meinungsaufbau zu erreichen. Oder sie schaffen es nicht, und werden automatisch einen Weg gehen, der auf professionelle Kerne und eine Austrocknung von Mitgliederparteien hinausläuft."

Da war der „Versuch legitim und richtig, dass man das Netz nutzt. Da ist natürlich so ein Wahlkampf für uns auch wichtig, um wieder mehr Raum zu gewinnen für die Informationsverteilung, aber auch für den Meinungsaustausch innerhalb der Partei und in der Öffentlichkeit". Zusätzlich galt es, wieder „Autonomie gegenüber den Medien dazu zu gewinnen".

Da das Internet ein schnelles Medium ist, können die Parteien „eigentlich mit einem vergleichsweise geringen Aufwand [...] unglaublich viele Menschen erreichen". Das sei ein enormer Vorteil. Aber die Umsetzung kommt stark auf den einzelnen Politiker und auf die Partei beziehungsweise auf die externe Beratung an. Diese kommunikativen Chancen auch für die Parteien selber, erkannten die Akteure. Die Ideen, die auf die direkte Veränderung der politischen Kommunikation theoretisch deuten, schätzt die CDU skeptisch ein. Die erzeugte Illusion, dass das Internet eine politische Agora sein werde, sieht Stefan Scholz nicht. „Die Informationszugänglichkeit wird erleichtert, [...] aber das Interesse", so der Experte, „ist nur bei einem sehr geringen Prozentsatz der Bevölkerung vorhanden."

Ansprache unterschiedlicher Zielgruppen nach dem Voter-Relationship-Management-Modell

Der Online-Wahlkampf teilte sich, wie auch offline, in verschiedenen Phasen. In der ersten Phase im Internet standen die Multiplikatoren, die sich frühzeitig mit dem Wahlkampf und der Politik auseinander setzten.

> „Deswegen haben wir bei der Kampagne, die wir im Printbereich machen, bei den Anzeigen, die wir geschaltet haben, gleichzeitig auch als erste Partei eine Bannerkampagne gestartet. Wir machen das jetzt zum ersten Mal auf den Multiplikatorenplätzen, also bei Spiegel-Online, Netzeitung, bei Financial Times und kress.de",

berichtete die SPD. Diese Phase lief bis zum Sommer. Dann kam eine Phase mit Augenmerk auf persönliche Aspekte der Spitzenkandidaten. „Und in der dritten Phase – im heißen Wahlkampf – muss man überall eigentlich da und präsent sein [...]. Breite Gruppen wurden dann nach der Sommerpause angesprochen."

Noch offen ist die Frage, ob der Kunde in der Politik König sein kann? Es gruppierten sich nach dem VRM-Modell gleich mehrere Kundenkreise um die Wahlkampfseiten der Parteien:

–   die Parteimitglieder- und Mitarbeiter sowie Kandidaten,
–   die potenziellen Stammwähler,
–   die Erst- und Jungwähler,
–   die Journalisten der berichterstattenden Medien sowie
–   die potenziellen Unterstützer.

Das Wissen, dass mit Hilfe der Internetseite über den Besucher gewonnen wird, lässt sich in maßgeschneiderte Angebote ummünzen und durch interaktive Angebote verbessern. Dies wurde zur Bundestagswahl 2002 nur unzureichend geleistet. Strategien, den Kontakt zu halten, schaffen die notwendige Nachhaltigkeit. Für die Politik ist das attraktive Argument für ein VRM eine größere Bindung der Bürger an Inhalte und Prozesse, eine gezielte Belieferung der Medien und eine produktive Zusammenarbeit mit Mitgliedern oder Interessengruppen. Auch für die Wähler und Bürger ergeben sich Vorteile: Für die Bürger eröffnet VRM einen Zugang zur Politik mit verbesserten Gestaltungsmöglichkeiten. Das Potenzial von VRM für Parteien, Bürger und Medien in der politischen Online-Welt wurde zur Bundestagswahl 2002 bisher noch nicht voll ausgeschöpft.

Herausforderungen und Perspektiven für die Bundestagswahl 2006

Über den Wahlabend hinaus blieben die Online-Angebote der Parteien, mit deren Präsenz sich die Kampagnen- und Kommunikationsfähigkeit von SPD und CDU wohl nachhaltig für den Bürger als Kunden der Politik verbessert hat. Denn was zur Bundestagswahl 2002 aufgebaut wurde, sind nicht nur Wahlkampfinstrumente im internen und externen Onlinebereich. Vielmehr entstanden in beiden Großparteien flexible Organisationen mit vielfältigen Informations- und Interaktionsmöglichkeiten, wie sie in modernen, vielfältigen und gesellschaftspolitisch dynamischen Volksparteien unverzichtbar sind. Dies konnte den Online-Plattformen von SPD und CDU sowie den Experteninterviews entnommen werden. Es entstanden auch neue politische Plattformen. Außerdem entwickelten sich im Bundestagswahlkampf 2002 neue Partizipationsformen der Mitgliederparteien. Mit Blick auf 2006 sollten sich die Parteien weiter auf die Intensivierung der politischen Kommunikation im Internet und deren Verbreitung in den herkömmlichen Medien konzentrieren.

Welche Herausforderungen und sich entwickelnde Perspektiven in den kommenden Jahren anstehen und ob die Parteien mit ihrer Online-Präsenz eine Internet-Wahlkampf-Infrastruktur auch für kommende Wahlkämpfe aufbauen wollen, darüber können nur Vermutungen aufgestellt werden. Der SPD-Experte antwortete: „Ich glaube, dass man die Kernstrukturen, die sich jetzt in der Kampagne herausbilden, auf Dauer braucht." Das sind eine bestimmte Arbeitsweise und eine bestimmte Kooperationsform mit externen Dienstleistern. Es gehe besonders darum, „die Informationen zu managen". Parteienmanagement wird zukünftig wichtiger sein, als die Informationen selbst. Die Frage, eine Kampagne auch aus dem Netz heraus zu denken oder vom Netz zu denken, werde eine größere Rolle für 2006 spielen. So könne es sein, „dass dies stark von dort aus definiert wird und ein Know-How-Aufbau sowie auch ein Veränderungsprozess stattfinden wird". Daher empfiehlt sich ein umfassender Aufbau eines Voter-Relationship-Management-Systems.

Für diese Veränderung in den Organisationsprozessen musste bereits zur Bundestagswahl 2002 professionelle Begleitung geholt werden, weil sich das nach SPD-Einschätzung nicht dadurch ändere, „dass es ein Vorstand beschließt". Strategische Beratung für die politische Online-Kampagne der Parteien ist mit einer Produktwerbung für eine Marke zu vergleichen. Kajo Wasserhövel erklärte, die Parteien würden auch in der Kampagne Berater benötigen,

> „die nicht von der Agentur sind, sich aber im Netz sehr gut auskennen, die Rat geben und das Kooperationsmanagement mit uns machen. Weil es so viele Anbieter für Informationen gibt, konzentrieren sich diese Leute darauf, was man mit bestimmten Anbietern zusammen machen kann und wie wir daraus Win-Win-Situationen schaffen können".

Anmerkungen

1   Herbert Kubicek: Das Internet 1995-2005, in: Claus Leggewie/Christa Maar (Hg.): Internet & Politik – Von der Zuschauer- zur Beteiligungsdemokratie. Köln: Bollmann 1998, S. 55-69.
2   Hans-J. Kleinsteuber/Martin Hagen: Was bedeutet elektronische Demokratie? Zur Diskussion und Praxis in den USA und Deutschland, in: Zeitschrift für Parlamentsfragen, Nr. 1/1998, S. 69.
3   Britta Schemel: Diplomarbeit „Politische Kommunikation im Internet – Im Vorfeld der Bundestagswahl 2002", abrufbar unter http://www.britta-schemel.de.
4   Marco Saal: Das Web wird zum Wahlkampftool, in: Horizont, 7. Februar 2002, S. 49.
5   Hans-Joachim Veen: Einführung – Wählergesellschaft im Umbruch, in: ders./Elisabeth Noelle-Neumann (Hg.): Wählerverhalten im Wandel. Bestimmungsgründe und politisch-kulturelle Trends am Beispiel der Bundestagswahl 1987. Paderborn: Konrad-Adenauer-Stiftung 1991, S. 15.
6   Miriam Meckel: Cyberpolitics und Cyberpolicy, in: Klaus Kamps (Hg.): Elektronische Demokratie? Perspektiven politischer Partizipation. Opladen: Westdeutscher Verlag 1999, S. 229-244, dort S. 240.
7   Otfried Jarren: Überlegungen zum Öffentlichkeits-, Medien und Politikwandel in der modernen Gesellschaft, in: Zeitschrift für Parlamentsfragen, Nr. 4/1994, S. 663f.
8   Carolin Welzel: Politisches Costumer-Relationship-Management, in Alexander Siedschlag/Arne Rogg/Carolin Welzel: Digitale Demokratie – Willensbildung und Partizipation per Internet. Opladen: Leske + Budrich, S. 53-62, dort S. 54f.
9   Britta Schemel: Wahlkampf 2002 – Netzwahlkampf der CDU, abrufbar unter http://www. politik-digital.de/wahlkampf/bundestagswahl2002/scholz.shtml (10.6.2002).
10 Britta Schemel: Wahlkampf 2002 – Vier gewinnt, abrufbar unter http://www.politik-digital. de/wahlkampf/bundestagswahl2002/icke.shtml (26.9.2002).
11 Britta Schemel: Wahlkampf 2002 – Grüne Wirkung, abrufbar unter http://www.politik-digital.de/wahlkampf/bundestagswahl2002/scharfs.shtml (26.9.2002).
12 Marco Althaus: Kampagne! Neue Strategien für Wahlkampf, PR und Lobbying. Münster: Lit 2001, S. 5.
13 A&Bface2net, abrufbar unter http://www.face2net.de (10.7.2002).
14 M.E.C.H., abrufbar unter http://www.mccann.de (22.7.2002).
15 De Luca, Claudio: Duell im Netz, in: Capital – Das Wirtschaftsmagazin, Nr. 17/2002, S. 22.
16 Rapid Response anlässlich des „Sommerinterviews mit Gerhard Schröder" im ZDF, 21. Juli 2002, 19.10 Uhr, abrufbar unter http://www.wahlfakten.de (23.8.2002).

Miriam Meckel

Campaigning 2002

Die Inszenierung der Inszenierung[1]

Die Entlarvung geschah im ersten von zwei „Akten": Wochenlang hatten die Bürgerinnen und Bürger, die journalistischen Beobachter und natürlich vor allem die Politiker darüber spekuliert, wie sich die beiden Fernsehduelle in den Wahlkampf zur Bundestageswahl 2002 einfügen, wie sie wirken und welche Konsequenzen sie zeitigen würden. Bereits im ersten Duell gab es vielfältige Hinweise darauf, dass in diesem Wahlkampf einiges anders war als die Beteiligten es aus vorherigen Wahlkämpfen gewohnt waren und in diesen praktiziert hatten.

Einer der aussagekräftigsten Momente im Verlaufe des ersten Fernsehduells ergab sich aus einem Antwort-Frage-Antwort-Spiel zwischen Bundeskanzler Schröder und N24-Chefredakteur Peter Limbourg. Der Bundeskanzler, offensichtlich entnervt durch das enge Regelkorsett des Fernsehduells, versuchte eine spontane Antwort auf seinen Herausforderer, Edmund Stoiber, zu geben, wurde aber durch den Moderator gestoppt, der verlangte, zunächst die passende Frage zur bereits begonnenen Antwort zu stellen, damit diese Antwort das Zeitkontingent des Bundeskanzlers nicht unnötig belaste („Das geht von Ihrer Zeit ab, Herr Bundeskanzler!"). Und so geschah es dann auch. Günther Jauch, einer von zahlreichen Gesprächspartnern in der Fernsehanalyse nach den Duellen, charakterisierte die Veranstaltung durchaus hintersinnig als „Augsburger Puppenkiste"[2].

Dies war eines von zahlreichen Beispielen, die andeuten, worin die andere Qualität der Wahlkampfkommunikation im Vorfeld der Bundestagswahl 2002 lag: Die Regeln der Inszenierung bestimmten die Kommunikationsstrategien. Und das ist in entscheidenden Nuancen ein qualitativer Unterschied zu den bislang bekannten und bewährten Formen der Wahlkampfkommunikation. Kommunikationsinhalte wurden in ihrer Anlage und Ausprägung an die jeweilige Vermittlungsform angepasst. Die Regeln bestimmten nicht nur das Spiel, sondern auch die Berichterstattung darüber. Auf diesem Wege wurden sogar basale Gewissheiten außer Kraft gesetzt: zum Beispiel die, dass im Verhältnis zwischen Journalismus und Politik die Frage üblicherweise vor der Antwort erfolgt, dass journalistisches Erkenntnisinteresse nicht im vorausschauenden Gehorsam dem vermuteten politischen Aussageinteresse unterworfen wird, und dass eine Diskursdramaturgie nur dann faszinierend ist, wenn sie auch einen politischen Dialog als dynamischen oder gar emergenten Prozess zulässt, dessen Ausgang erst einmal offen ist.

All das haben aufmerksame Beobachter des ersten Fernsehduells verfolgen und schlussfolgern können. Die Besonderheiten der Wahlkampfkommunikation 2002 waren damit „herausgearbeitet" und wurden in den Folgeschritten lediglich weiter verdeutlicht beziehungsweise vertieft. Das zweite Fernsehduell – von vielen Beobachtern als „gelungener" empfunden – war ein Beispiel für die Professionalisierung der Regeln auf Seiten der Politiker wie der Moderatorinnen, nicht aber ein Beispiel für die Professionalisierung der inhaltlichen Auseinandersetzung.

Alle Politik ist medienvermittelt

Der Bundestagswahlkampf 2002 hat einmal mehr bewiesen, was unter Kommunikationsprofis unstrittig und akzeptiert ist: Die Politik ist auf die Medien angewiesen, um sich zu artikulieren, zu vermitteln und um Akzeptanz zu werben. Die Medien brauchen die Politik, um ihre Tagesagenda zu „füttern" und zu gestalten. Dieses Zusammenspiel zwischen Medien und Politik lässt sich auf der operativen, pragmatischen Ebene analysieren, hat aber eine darüber hinaus reichende Bedeutung, die für die Grundwerte und Funktionsfähigkeiten einer demokratischen Gesellschaft garantiert, die schon Thomas Jefferson, einer der Gründerväter der Vereinigten Staaten, beschrieben hat: „Were it left to me to decide whether we should have a government without newspapers, or newspapers without a government, I should not hesitate a moment to prefer the latter." Jefferson betonte damit den besonderen Wert der Meinungs- und Medienfreiheit für eine funktionierende Demokratie. Er referierte auf die bekannten Funktionen von Medien, die als eine „vierte Gewalt" den Mächtigen einen Spiegel vorhalten, Kritik und Kontrolle ausüben sollen, um so die Demokratie funktionsfähig und in der Balance zu halten. Medien und ihre Thematisierung des Politischen sind also wesentlicher Bestandteil unseres demokratischen Systems.

Die Regeln unserer Demokratie basieren nicht mehr allein auf der Erkenntnis, dass Meinungs- und Medienfreiheit Verfassungsrang haben und deshalb zum demokratischen Fundament gehören. Dies ist heute unmittelbar verbunden mit der Erkenntnis, dass es sich hierbei nicht nur um Theorie, sondern um stetig herausgeforderte Praxis handeln muss, wenn die Demokratie als Mediendemokratie funktionieren soll. Der einprägsame Satz von David Hume „All government rest on opinion" müsste dementsprechend heute ein wenig umformuliert werden und lauten: „All government rest on published opinion". Unsere heutige politische Öffentlichkeit unterscheidet sich eklatant von der antiken Öffentlichkeit. In Massendemokratien ist demokratische Teilhabe eben nicht mehr nach dem Vorbild der griechischen „Agora" als permanentes Präsenzprojekt realisierbar. Politik braucht die öffentlichen Thematisierungsprozesse, den Marktplatz der Meinungen, um gesellschaftliche Konsensfindung und auch gesellschaftliche Streitkultur möglich zu machen. Politik muss sich mit professionalisierten Strategien der politischen Kommunikation um die Erzeugung von Aufmerksamkeit beim Publikum bemühen, um so Bürgerinnen und Bürger, Wählerinnen und Wähler zu gewinnen. Beschreibt man die Prozesse politischer Kommunikation in der Mediengesellschaft, dann geht es heutzutage also nicht mehr um das „Ob" medieninszenierter Wahlkämpfe, sondern um das „Wie". Diese Veränderungen im „Wie" lassen sich anhand einiger Indikatoren herausarbeiten.

Professionalisierung

Wer heute auf dem Marktplatz der Meinungen eine Rolle spielen will, etwas „verkaufen" will, der muss für die eigenen Angebote, Informationen und Botschaften Aufmerksamkeit erzeugen. In einer Mediengesellschaft avanciert Aufmerksamkeit zu einem generalisierten Tauschwert[3] (vgl. Franck 1998). Dem Tausch von Aufmerksamkeit und Beachtung kommt in der Mediengesellschaft eine ähnliche Bedeutung zu wie dem Tausch von Geld und Gütern in der Wirtschaftsgesellschaft. Dieser permanente kommunikative Tauschhandel ist nur zu bewältigen, wenn auf allen Seiten professionelle Kommunikationsstrategien entwickelt und angewandt werden. Das ist bei uns längst der Fall. In allen Zusammenhängen – von der Politik über die Wirtschaft bis hin zu den Nichtregierungsorganisationen – finden wir professionelle PR-Leute, Kommunikationsmanager, Medien- und Imageberater, Spin Doctors und wie sie alle heißen. In den USA übersteigt die Zahl der PR-Leute die der Journalisten inzwischen um ein Vielfaches. In Deutschland sind die Verhältnisse derzeit noch anders, aber die Entwicklung weist in die selbe Richtung. Diese Entwicklung lädt viele Beobachter immer wieder zu zum Teil scheinheiligem Wehklagen ein. Um es deutlich zu sagen: Anders geht es nicht mehr! Eine Mediendemokratie kann nur funktionieren über ein organisiertes und professionell kommuniziertes „Angriffs- und Verteidigungsspiel" gesellschaftlicher Akteure.

Wichtig ist dabei allerdings, dass im permanenten „medialen Nahkampf" alle Beteiligten die Spielregeln kennen, nach denen das Spiel üblicherweise abläuft. Und die meisten kennen diese Regeln ausgesprochen gut. Dennoch gilt auch in diesem Zusammenhang: Wo Chancen wachsen, wachsen auch Probleme. Das trifft besonders das Verhältnis von Politikern und Journalisten. In unserer Medienkonkurrenzgesellschaft entsteht im Verhältnis von Politik und Medien eine paradoxe Mischung aus Symbiose und Antagonismus, aus Nähe und Distanz. Diese Mischung ist dann gefährlich, wenn sie die Protagonisten dazu veranlasst, gelegentlich ihre Spielhälften zu verlassen, Grenzen zu überschreiten und unter Missachtung der sonst bekannten Spielregeln einen Seitenwechsel vorzunehmen. Zu viel Nähe und Verständnis kann mitunter zum Problem im Beziehungsfeld Politik und Medien werden.

Eine ganze Reihe von Studien belegt, dass eine übergebührliche Annäherung zwischen Politik und Journalismus auch in der Mediengesellschaft die Ausnahme bleibt[4]. Auf Seiten der Journalisten liegen sie vor allem im Übergang von der Politikbeschreibung und -analyse zur Politikgestaltung. Diese Versuchung hat die damalige Vorsitzende der Bundespressekonferenz und Welt-Redakteurin, Tissy Bruns, im Dokumentarfilm „Die Meute" von Herlinde Koelbl, beschrieben: „Ich bestehe noch mal darauf, dass Journalisten nicht zuständig sind für die Verbesserung der Welt, sondern dafür zuständig sind, Menschen in die Lage zu versetzen, ihre eigenen Angelegenheiten so in die Hand zu nehmen, dass sie die Welt am Ende vielleicht verbessern können. Und Politik machen ist nicht Sache des Journalismus. Die Versuchung allerdings ist groß."

Ähnliches gilt für das Verhältnis von Politikern zu den Medien. Die permanente Vergewisserung, dass die Medien Kontrolleure und nicht Kollaborateure der politischen Akteure einer Gesellschaft sind, setzt bei manch einem Politiker angesichts der Verlockungen von Aufmerksamkeitsgewinnung aus. Verbündungsstrategien zwischen Politikern und Journalisten und Rollentausche (Finanzminister Eichel geht einen Tage als Chefredakteur zur BILD-Zeitung, FDP-Generalsekretär Westerwelle besucht den Big Brother Container usw.) sind Beispiele für mangelnde Distanz im beiderseitigen Beziehungsgeflecht[5] (vgl. Meckel 2002: 75 f.). Dies wird in Wahlkampfsituationen zum Problem, wenn die Beobachtungen schärfer, die Messlatten höher und die Beziehungen angespannter werden. Wer dann versucht, sich auf vermeintliche Gemeinsamkeiten zu berufen, hat schon im Vorfeld verloren.

Markenorientierung 1: Personalisierung

Insbesondere in Wahlkampfzeiten setzen die Kommunikationsprofis der Parteien auf Strategien und Methoden, die sich im Marketing bewährt haben. Parteien und Politiker entwickeln sich zu Marken. Dies ist keine Entwicklung der vergangenen fünf Jahre, sondern ein Langzeitprozess, der vor Jahrzehnten begonnen hat[6]. Im Wahlkampf 1957 wurde innerhalb der CDU darüber gestritten, ob die Parteimitglieder Knöpfe mit einem Adenauer-Portrait tragen sollten. Willy Brandt rollte 1961 im Mercedes-Cabriolet in Homburg ein. Der Wahlkampf 1972 wurde gar unter dem Claim „Willy wählen!" geführt. Helmut Schmidt und Helmut Kohl durchpflügten Deutschland 1976 mit ihren Wahlkampf-Sonderzügen. Mit Peter Radunski und Gert Bacher machte sich die CDU im Wahlkampf zum ersten Mal externe Wahlkampfberater zunutze, deren „Wiedergänger" es in Folge zahlreich gab – zuletzt im Bundestagswahlkampf 2002 Michael Spreng für Edmund Stoiber und Matthias Machnig (als Bundesgeschäftsführer und damit interner Berater) für Gerhard Schröder.

Das Konzept der Markenbildung funktioniert in der Politik nicht überall gleich, vor allem gleich gut. Im Wahlkampf 2002 wurde das „image marketing" weitreichend und zum Teil erfolgreich ausgeschöpft. Die Protagonisten der konkurrierenden Parteien, Bundeskanzler Gerhard Schröder und sein Herausforderer Edmund Stoiber, wurden als Menschen-Marken aufgebaut – mit unterschiedlichem Erfolg[7].

In der Bewertung der beiden Spitzenpolitiker durch die Bürgerinnen und Bürger als Wähler und Medienkonsumenten ergab sich ein interessanter Überkreuzverlauf, der insbesondere an den beiden Fernsehduellen deutlich wurde. Zwar boten die unterschiedlichen Meinungsforschungsinstitute zahlreiche Daten zum Ausgang der Duelle, so dass empirisch kein eindeutiger Sieger ermittelt werden konnte[8]. Ein „gefühltes" Ergebnis aber kristallisierte sich heraus: Während der Bundeskanzler im ersten Duell enttäuschte und als nicht so überzeugend wie erhofft wahrgenommen wurde, schnitt der bayerische Ministerpräsident besser ab als von vielen erwartet. Die Spin Doctoren beider Seiten gingen also an die Arbeit und bereiteten das zweite Duell konsequenter nach den Kernimages der beiden Protagonisten vor. Im Ergebnis schnitt Gerhard Schröder im zweiten Duell besser, Edmund Stoiber schlechter ab[9].

Zahlreiche Medien konstatierten in der Analyse des zweite Duells den „Nixon-Effekt" (vgl. Financial Times Deutschland v. 10.09.2002: 30): Im berühmten Rededuell zwischen John F. Kennedy und Richard Nixon 1960 kürten die Fernsehzuschauer Kennedy zum Sieger, und zwar im wesentlichen begründet durch die gelassenere, souveränere und freundlichere Ausstrahlung Kennedys über den Bildschirm. Nixon wirkte demgegenüber angespannt, müde und verbissen. Er argumentierte zwar besser als Kennedy, vernachlässigte aber die Mechanismen des Mediums Fernsehen: Schein schlägt Sein!

In den professionell vorbereiteten Verläufen der Fernsehduelle 2002 offenbart sich eine qualitative Nuance des politischen Kommunikationsmanagements: Während die Berater Gerhard Schröders ganz auf das kommunikative Talent des Kanzlers setzten, es für das zweite Duell noch stärker pointierten und mit der Ausrichtung nach den Regeln des Leitmediums Fernsehen Erfolg erzielten, hatten es die Berater Edmund Stoibers schwerer. Der Bayer, der sich mit den Inszenierungsregeln des Fernsehens schwerer tat und dieses Problem gleich zu Beginn der Wahlkampfphase während seines Auftritts bei „Sabine Christiansen" eindrücklich unter Beweis stellte, konnte den Bundeskanzler nicht unter gleichen Startbedingungen durch das Spiel mit den Möglichkeiten des Mediums Fernsehen herausfordern. Also griffen seine Berater zu einer auf den ersten Blick klugen Meta-Strategie: Sie ließen Edmund Stoiber seine Abneigung gegen die Scheingefechte der Mediengesellschaft zur Schau stellen; sie inszenierten ihn als Inszenierungs-Abstinenzler, als Vertreter der „pure politics" („kantig, echt"). Kurzum: Sie überhöhten den Inszenierungscharakter der politischen Kommunikation in Wahlkampfzeiten unter negativen Vorzeichen zur Meta-Strategie. Das bezeichnet eine neue Qualitätsstufe: die öffentliche Dekonstruktion von Inszenierung, die nichts anderes ist als eine Inszenierung der Inszenierung.

Markenorientierung 2: Parteienprofile

Diese Prozesse lassen sich nicht nur im politischen Marketing von Personen, sondern ebenso in dem von Parteien entdecken. Durch den Import amerikanischer Wahlkampfmethoden veränderte sich das Erscheinungsbild von Parteien und Kandidaten im Laufe der achtziger und neunziger Jahre deutlich sichtbar[10]: rituelle Inszenierungen, immer wieder am Beispiel des „SPD-Krönungsparteitags" in Leipzig 1998 diskutiert und kritisiert, professionelles Eventmanagement nach dem Vorbild amerikanischer Conventions, das Einbeziehen unterhaltender Elemente in die Politikvermittlung innerhalb und außerhalb des Wahlkampfs und das Erschließen aller Kommunikationsplattformen, auch des Internet, prägen heute die politische Kommunikation. Diese Prozesse haben dazu beigetragen, dass politische Kommunikation, insbesondere in Wahlkampfzeiten, einem professionellen Management unterliegt, das dem der Wirtschafts- und Markenkommunikation in nichts mehr nachsteht.

Gerade bei der Markenkommunikation lohnt es sich, etwas genauer hinzuschauen, um die Möglichkeiten und Grenzen ihrer Übertragbarkeit auf die Politik auszuloten (vgl. Meckel 2003). Eine Marke ist ein gedankliches Konstrukt, ein emotionales Bild für ein bestimmtes Produkt. Nach Meffert[11] definiert sich eine Marke „[...] als ein in der Psyche des Konsumenten und sonstiger Bezugsgruppen der Marke fest verankertes, unverwechselbares Vorstellungsbild von einem Produkt oder einer Dienstleistung [...]. Die zu Grunde liegende Leistung wird dabei in einem möglichst großen Absatzraum über einen längeren Zeitraum in gleichartigem Auftritt und in gleich bleibender oder verbesserter Qualität angeboten". Eine klare Markenidentität vermittelt Kompetenz und erzeugt Vertrauen beim Konsumenten

oder Kunden. Die Marke bietet aus verhaltenstheoretischer Sicht eine Orientie-
rungshilfe, ihr kommt darüber hinaus eine Entlastungsfunktion zu: Es ist keinem
Menschen möglich, sich permanent und jeweils aktualisiert alle Informationen über
ein Produkt oder ein Angebot zu beschaffen. Die Marke reduziert diese Komplexität, indem sie als ganzheitliches Signal für die im Produkt oder Angebot enthaltenen
„Features" steht. Starke Marken gehen daher einher mit einer hohen Markentreue.

Konsummarken und Politikmarken lassen sich allerdings nicht 1:1 übertragen
oder vergleichen. Politik ist nicht Persil, und die gesellschaftlichen und ökonomi-
schen Wirkungen politischer Entscheidungsprozesse sind nicht mit Nutzen oder
Nichtnutzen von Kaufentscheidungsprozessen gleichzusetzen. Dennoch lassen sich
Analogien zum Nutzen einer Marke auch in der politischen Sphäre erkennen. Die
Nutzung des in der Werbewirtschaft eingeführten Markenbegriffs in der Politik ist
keineswegs neu. In der Vergangenheit waren Politikmarken allerdings zum Teil enger mit konkreten Inhalten und politisch klar unterscheidbaren Auffassungen ver-
knüpft. Glaubwürdigkeit und Beständigkeit galten als spezifische Kennzeichen solcher langfristig angelegter Grundpositionierungen. So stand beispielsweise der
Claim "Wandel durch Annäherung" als allgemein kommunizierte Politikmarke für
die in den siebziger Jahren unter Willy Brandt geführte Ostpolitik und das damit
verbundene spezifische Politikprofil der SPD.

Politikmarken dienen der klaren Profilierung gegenüber politischen Alternativ-
konzepten. Sie bilden Leitlinien für die praktische Politik und ermöglichen eine
einprägsame mediale Vermittlung komplexer Sachverhalte mit hohem Wiedererkennungswert. Ähnlich der Nutzung in der kommerziellen Werbewirtschaft zielen
langfristig angelegte Politikmarken auf die Förderung von „Markentreue" in der
traditionellen Wählerschaft. Das ist auch die Begründung dafür, dass die politische
Kommunikation sich in den vergangenen Jahrzehnten immer konsequenter des
Markenkonzepts bedient hat. Insbesondere für Wahlkämpfe hat sich eine Dreistu-
fenentwicklung von der „candidate orientation" über die „sales management orientation" bis hin zur „marketing orientation" vollzogen[12] (vgl. Shama 1976), deren
einzelne Stufen in den USA allerdings feiner zu differenzieren sind als in Deutschland.

Die bereits genannten Beispiele zeigen: Die politischen Parteien arbeiten über
ihre Führungspersonen, Claims und Programmelemente schon lange mit *Politikmarken*. Wenn aber Politikmarken zur *Markenpolitik* werden sollen, erhält die
praktische Umsetzung der aufgebauten Politikmarke – also das „Produkt- und Leis-
tungsversprechen" – einen zentralen Stellenwert. Parteien und Kandidaten bieten
den Wählerinnen und Wählern ein Versprechen an, das Interessenvertretung, aber
auch Wertebewahrung umfasst. Mit der Abgabe ihrer Stimme fordern die Wähler
von Parteien und Kandidaten die Einlösung dieses Versprechens ein. Häufen sich
die Diskrepanzen zwischen gegebenem Versprechen und tatsächlicher Einlösung,
schwindet die Glaubwürdigkeit der Marke. Sie wird beliebig. Mögliche Folgen sind
die Abwanderung der Stammwählerschaft und – wenn diese Diskrepanz bei allen
Parteien auftritt – Politikverdrossenheit.

Während die Wahlkampfkommunikation im Bundestagswahlkampf beim Image-
Marketing der Protagonisten neue Standards setzte, blieb die Markenbildung der
Parteien und ihrer Programme weit dahinter zurück. Beiden „Volksparteien" gelang
es über die Zeit des Wahlkampfs nicht, das eigene Profil, die eigenen Prioritäten
und das Programm für die bevorstehende Legislaturperiode so herauszuarbeiten,

dass die Wählerinnen und Wähler griffige Unterschiede, klare historisch kontextuierte Leitlinien und differenzierte politische Perspektiven erkennen konnten. So verwunderte es auch kaum, dass der Wahlabend am 22. September 2002 zu knappen Ergebnissen und einem medialen Interpretationsdurcheinander geriet. Über Stunden galt Edmund Stoiber als Wahlsieger und wurde als solcher vermeldet. Tatsächlich gewann die SPD mit einem Vorsprung von 6.027 Stimmen die Bundestagswahl.

Auch diese Entwicklung mag man als symptomatisch werten: Wenn die Probleme groß und komplex sind, fällt die Differenzierung der Lösungsansätze schwer. Wenn viel politische Programmatik über die „Neue Mitte" erfolgt ist, lässt sich nur mühsam wieder zu Positionen „rechts" und „links" dieser Mitte finden. Wenn die Kommunikation über emotionale Faktoren und die Imagebildung über die Personalisierung von Politik Erfolg versprechend scheint, fällt es schwer, die Bürde der programmatischen Vermittlung auf sich zu nehmen. Und so gilt auch für die Parteienprofilierung im Bundestagswahlkampf 2002: Die Wahlkampfkommunikation überhöhte Inszenierungseffekte und vernachlässigte politische Inhalte. Der Auftritt des Bundeskanzlers in den Flutgebieten in Ostdeutschland (und das Zögern und Zaudern Edmund Stoibers mit einem solchen Auftritt) hat vermutlich entscheidend zum (knappen) Wahlergebnis beigetragen, ebenso wie die Emotionalisierung der Anti-Irak-Kriegshaltung in Deutschland. Diese Inszenierungen fallen unter die „Theatralisierung" von Politik, die im Wesentlichen durch „Eventpolitik", „Imageprojektionen" und „Scheinhandlungen" geprägt ist[13] (vgl. Meyer 2001: 111 ff.).

Formen und Funktionen der Inszenierung

Inszenierungsstrategien prägen seit einigen Jahren ebenso stark die Politikvermittlung wie die politischen Programme von Parteien und Kandidaten. Neu an den Bundestagswahlkämpfen 1998 und 2002 war, dass sie sogar Bestandteil und dann sogar eigentliche Aussage der politischen Programmatik wurden. Das mag man als konsequente historische Entwicklung in der Professionalisierung politischer Kommunikation interpretieren. So gehört die Inszenierung seit der Antike als wichtiger Bestandteil zur Politik. Politik als öffentliche Auseinandersetzung über Gemeinwohlinteressen und als Aushandlungsprozess um den Faktor „Macht" braucht die öffentliche Thematisierung über inszenierte Ereignisse und Diskussionsprozesse. So empfahl Niccolò Machiavelli im Jahre 1513, der Fürst müsse sehr darauf achten, dass er, wenn man ihn sieht, ganz von Milde und Treue, Aufrichtigkeit, Menschlichkeit und Frömmigkeit erfüllt scheine. Man könnte heute sicher darüber diskutieren, ob die Charakteristika und Tugenden der politischen Persönlichkeiten etwa 500 Jahre später dieselben geblieben sind. Wenig hat sich jedenfalls daran geändert, dass die grundsätzliche Inszenierung zur politischen Repräsentation gehört. Dennoch: Im Wahlkampf 2002 gab es darüber hinaus Neues.

In dieser neuen Phase liegt die andere Qualität in der Inszenierung von Politik eben nicht mehr darin, dass Politik nach Regeln des Theater präsentiert und vermittelt wird. Sie liegt vielmehr darin, dass die Inszenierungsregeln Bestandteil der politischen Kommunikation und Vermittlung werden. Das Drehbuch bestimmt nicht mehr nur das Geschehen auf der politischen Bühne, sondern die Inszenierungsregeln werden Teil der Aufführung.

Der Umgang mit Augenscheinlichkeiten in der politischen Kommunikation, die Betonung ästhetischer Elemente und die Konzentration auf (vermeintliche) Authentizität in der Politikvermittlung – all dies sind Signale dafür, dass wir es mit einer Dominanz der Präsentationsmodi zu tun haben, die in dieser Form doch etwas Neues ist. Und diese neuen Elemente werden offenbar bewusst in die politische Kommunikation integriert. Wenn der Medienberater des Kanzlerkandidaten Edmund Stoiber seinen gewählten Slogan „Kantig und Echt" als einen Darstellungsmodus interpretiert, der durch im Kandidaten angelegte Inszenierungsmängel begründet wird, dann geht es nicht nur um die Inszenierung des Politischen, sondern um die Inszenierung der Inszenierung des Politischen. Ähnliches gilt für die Fernsehduelle. Wenn in der Folge beider Duelle die Medien vornehmlich den Darstellungsmodus und die Präsentationsregeln thematisieren, so beschäftigen sie sich nicht mehr generell mit der Inszenierung des Politischen über das Duell, sondern mit der Inszenierung der Inszenierung des Politischen anhand der Regeln des Duells.

Aus soziologischer Perspektive signalisiert dies einen interessanten Paradigmenwechsel, der sich auf die Wiederkehr des Formalprinzips bezieht. In verschiedenen wissenschaftlichen Disziplinen vollzog sich in den 70er Jahren ein Paradigmenwechsel von der strukturell-funktionalen Systemtheorie Talcott Parsons („function follows form") zur funktional-strukturellen Systemtheorie Niklas Luhmanns („form follows function"). In der Wahlkampfkommunikation können wir geradezu einen „roll back" beobachten. Damit tritt die funktionale Dimension politischer Kommunikation hinter die Formalisierung ihrer Operationalisierung zurück.

Die kommunikativen Prozesse zwischen Politik und Bürgern über Medien sind dann nicht mehr in erster Linie als „Funktion", als Beziehung zwischen Problem und Problemlösung im politischen Prozess angelegt, sondern sie erreichen bereits in ihrer Formalisierung ihren eigentlichen Zweck. Man kann dies als Professionalisierung politischer Kommunikation bezeichnen oder auch als postmodernen Wahlkampf. Festzuhalten bleibt: Es ging in diesem Bundestagswahlkampf zuweilen nicht mehr um die Inszenierung, sondern um die Inszenierungsinszenierung. Ziel des Wettstreits der politischen Kräfte war in den einzelnen Phasen der kommunikativen Schlacht dann nicht mehr der Wahlsieg, sondern der Wahlkampfsieg.

Die Inszenierung der Inszenierung des Politischen – oder: Beobachtungen dritter Ordnung

Für die nicht professionell, sondern profan am politischen Geschehen Beteiligten oder dasselbe Beobachtenden ergibt sich daraus wohl eine neue Qualitätsstufe der Habermas'schen „Unübersichtlichkeit". Systematisieren wir einmal: Die Entwicklung der Mediengesellschaft begann mit der durchdringenden und später allumfassenden Beobachtung des Politischen durch die Medien (1. Ordnung). In einer nächsten Qualitätsstufe folgte die Beobachtung der Thematisierung des Politischen durch die Medien als Selbstreflexion der Medien mit selbstreferentiellem Charakter (2. Ordnung). Die neue Qualitätsstufe des postmodernen Wahlkampfs umfasst die Beobachtung der Inszenierung der Thematisierung des Politischen (3. Ordnung).

Nur auf dieser Stufe ist es auch im 2002 erfahrenen Maße erklärbar, dass mediale Interpretationen des Inszenierungsscheins der Fernsehduelle die öffentliche Meinungsbildung zu der präsentierten Politik stärker beeinflussen als diese selbst. Anders formuliert: Die öffentliche Bewertung der beiden Duellanten und die Entscheidung über den vermeintlichen Sieger wurde im Wesentlichen in der kurzen, durch Spin-Doctors und Medienberichterstattung geprägten Phase direkt nach den Duellen geprägt.

Diese Aufteilung in Eskalationsstufen der Professionalisierung und Stufung politischer Kommunikation mag man als systemische Fingerübung abtun. Tatsache ist, dass die dritte Stufe viele Beobachter unter den Bürgerinnen und Bürgern ratlos lässt. Hat sich doch die Distanz zwischen politischen Inhalten, den damit verbundenen konkreten Wahlversprechen und deren Darbietung auf der medialen politischen Bühne so vergrößert, dass es vielen schwer fällt, die Verbindungen zwischen beiden Enden noch herzustellen. So formulierte manch ein Beitrag in der analytischen Medienberichterstattung zu diesem Phänomen die Hoffnung auf „eine Chance für die Wiedergeburt des Primär-Politischen aus der Enttäuschung über diese Art von Sekundär-Politik"[14]. Man muss nicht einmal ein machiavellistisches Naturell haben, um zu wissen, dass dies wohl frommer Wunsch bleiben wird. Allein weil die Mediengesellschaft sich den Anachronismus einer Dominanz der Inhalte bei Abstinenz von Verpackungskunst gar nicht mehr leisten kann. Und allein weil es inzwischen nicht mehr um Sekundär-, sondern um Tertiär-Politik geht.

Anmerkungen

1   Dieser Artikel erschien auch in: Rolke, Lothar, Volker Wolff (Hrsg.): Die Meinungsmacher in der Mediengesellschaft. Deutschlands Kommunikationseliten aus der Innensicht. Wiesbaden Oktober, 2003.

2   FAZ vom 10.09.2002, S. 38.

3   Franck, Georg: „Ökonomie der Aufmerksamkeit. Ein Entwurf". München 1998.

4   Schulz, Winfried: „Politische Kommunikation. Theoretische Ansätze und Ergebnisse empirischer Forschung", Opladen, Wiesbaden 1997, S. 225ff.

5   Meckel, Miriam: „Politikmarken und Markenpolitik. Kommunikationsstrategien in Politik und Wirtschaft" in: forum medienethik 1(2003, S. 8-16.

6   Rudolph, Hermann: „Das Unsichtbare tritt ins Rampenlicht. Wie sich der Wahlkampf amerikanisierte", in: Der Tagesspiegel, 22.09.2002, S. 7.

7   Kruse, Peter: „Menschen sind Marken. Der wachsende Einfluss emotionaler Faktoren muss auch der Wahlforschung berücksichtigt werden", in: politik&kommunikation 6/2003, S. 22-24.

8   vgl. Neue Züricher Zeitung, 27.08.2002, S. 1.

9   vgl. Financial Times Deutschland, 10.09.2002, S. 12.

10 Dörner, Andreas/Ludgera Vogt (Hrsg.): „Wahl-Kämpfe. Betrachtungen über ein demokratisches Ritual." Frankfurt/Main 2002.

11 Meffert, Heribert/Christoph Burmann/Martin Koers: „Grundlagen der Markenführung" in: Meffert, Heribert/Christoph Burmann/Martin Koers (Hrsg.): „Markenmanagement. Grundfragen der identitätsorientierten Markenführung" Wiesbaden, 2002, S. 6.

12 Shama, A.: "The Marketing of Political Candidates" in: Journal of the Academy of the Marketing Science 4/1976, S. 764-777.

13 Meyer, Thomas (2001): Mediokratie. Die Kolonisierung der Politik durch die Medien. Frankfurt/Main.

14 Süddeutsche Zeitung, 27.08.2002, S. 4.

Vito Cecere

Online-Wahlkampf 2002
Neue Maßstäbe für politische Kommunikation
im Internet?

Keine der etablierten Parteien kann heute auf einen adäquaten und zeitgemäßen Auftritt im Internet verzichten. Wer online nicht vorne liegt, wird auch offline keine erfolgreichen Kampagnen mehr führen können. Was also muss getan werden, um im Netz kampagnenfähig zu sein?

Diese Frage hatten die Parteien im Bundestagswahlkampf 2002 konkret für sich zu beantworten. Die Herausforderung bestand in der Entwicklung von Online-Strategien für den Wahlkampf, deren operativer Nutzen für Kommunikations- und Organisationsprozesse im besten Fall über den Wahltag hinausreichen sollte. Auf der Agenda der Kampagnenplaner stand die Suche nach einer neuen Qualität internetgestützter Politikvermittlung.

Und so waren die Kampagnen aller Parteien durch eine Intensivierung politischer Kommunikation im Internet gekennzeichnet. Online-Campaigning bildete – neben den TV-Duellen – das innovative Element in diesem Bundestagswahlkampf. Die Online-Strategen entwickelten integrierte Kommunikationskonzepte für den Auftritt im Internet. Mit spezifischen Instrumenten wurden Themen gesetzt, gegnerische Angriffe abgewehrt und gleichzeitig die eigenen Parteimitglieder als aktive Wahlhelfer und Multiplikatoren mobilisiert.

Der Wahlkampf im Internet verstärkte auf diese Weise die Präsenz und Performance der Parteien. Die SPD setzte beispielsweise auf eine integrierte Online-Strategie, durch die ihre Kampagnenfähigkeit insgesamt – im und außerhalb des Netzes – nachhaltig verbessert werden sollte. Ähnlich die CDU: Im Konrad-Adenauer-Haus richtete man den Internet-Wahlkampf an der kommunikativen Grundentscheidung eines „Kompetenzwahlkampfes", der sich im Netz widerspiegeln sollte, aus.

Das Internet war im Wahlkampf 2002 also keineswegs eine schillernde Spielwiese für Heavy User, abseits der Hauptwege der jeweiligen Kampagnen. Vielmehr ging es im Kern um die Synchronisation von Online- und Offline-Aktivitäten. Die virtuelle Dramaturgie orientierte sich an den Eckdaten des realen politischen Kalenders im Wahljahr – Kandidatennominierungen, Kommunal- und Landtagswahlen, Parteitage, Fernsehduelle gaben den Rahmen vor, in dem intelligentes Online-Campaigning stattzufinden hatte.

Strategisches Vorgehen im Netz bedeutete somit, eine sinnvolle Verknüpfung unterschiedlicher Wahlkampfkanäle herzustellen und so einen kommunikativen

Mehrwert zu erreichen. Diese Zielsetzung, die alle Parteien mehr oder weniger verfolgten, soll am Beispiel des Internet-Wahlkampfes der SPD näher erläutert werden.

Neue Kanäle für eine Dachmarke

Die Online-Campaigner der SPD legten ein besonderes Augenmerk auf die Entwicklung ihrer Dachmarke www.spd.de. Dabei setzte man auf längerfristig nutzbare Angebote. Nach einem Relaunch der Website ging die Partei mit einer Portalstruktur in den Internet-Wahlkampf. Das Basis-Angebot im Informationsbereich wurde durch ein zielgruppenspezifisches Channel-Konzept unterstützt und erweitert: ein spezieller Service-Channel für die Presse, ein zielgruppenspezifischer Jugend-Channel „Next", der „Netzwerk-Channel" als Plattform für parteinahe Foren und Arbeitsgemeinschaften sowie die Wahlkampf-Site kampa02.de.

Zusätzlich zu diesen auf Dauer angelegten Angeboten auf spd.de wurde ein dichtes, schnell aktivierbares Netz kommunikationsorientierter Dienste entwickelt. So entstand unter www.politik-glossar.de ein Kompendium der wichtigsten politischen Stichworte für den Wahlkampf. Zur Präsentation des SPD-Regierungsprogramms wurde mit www.regierungsprogramm.spd.de eine eigene Plattform aufgebaut.

Auch die CDU entwickelte neben ihrem Portal www.cdu.de einige spezielle Angebote für den Wahlkampf auf. So wurde das gemeinsame Wahlprogramm von CDU und CSU auf der Plattform www.regierungsprogramm.de in einer Lang- und einer Kurzfassung veröffentlicht. Überdies wurde auf www.zeit-fuer-taten.de das Unions-Wahlprogramm noch einmal internetgerecht vorgestellt. Durch eine spezielle Navigation konnten hier die einzelnen Punkte des Wahlprogramms nicht nur nach Themen sortiert, sondern auch nach spezifischen Interessenlagen abgefragt werden.

Die Internet-Marken der Parteien standen mithin im Zentrum der jeweiligen Online-Kampagnenstrategien. Dieses Basisangebot wurde rechtzeitig vor Beginn der eigentlichen Wahlkampfphasen relaunched und durch spezifische Aktionsseiten, die im weiteren Verlauf der Kampagne geschaltet wurden, ergänzt. So entstand sukzessive eine breite Palette an Plattformen und Instrumenten für die netzgestützte Politikvermittlung im Wahljahr.

Kampagnenseiten im Infotainment-Format

Als wichtiger Meilenstein der Online-Kampagne der SPD wurde die Homepage Gerhard Schröders der Öffentlichkeit zu Beginn der heißen Wahlkampfphase vorgestellt. Der Zeitpunkt des Launches von www.gerhard-schroeder.de war Teil der Kampagnenplanung. Denn das Ereignis war auch außerhalb des Netzes interessant genug, um mediale Aufmerksamkeit zu erzeugen. Die Berichterstattung in Printmedien und TV über den Start der Website war entsprechend groß.

Vor allem die auf der Website platzierte Kolumne von Doris Schröder-Köpf wurde zu einem Erfolg. Exklusive Inhalte der Online-Kampagne wurden auf diese

Weise zum Gegenstand der Offline-Berichterstattung. Für gerhard-schroeder.de eröffneten sich damit Zugänge für Zielgruppen, die normalerweise nicht auf eine Internet-Seite der SPD gelangt wären.

Die Website unterschied sich im Design und Aufbau von vergleichbaren Auftritten anderer Politiker im Netz. Großformatige Fotos transportieren die Inhalte. Kurze, netzgerechte Texte erhöhten die Lesbarkeit. Weiterführende Links zu den einzelnen Themen vernetzten die Website mit den Inhalten auf spd.de. Die einfache Navigation und Benutzerführung bot schnelle Orientierung.

Die Seite wurde schnell zu einem Publikumsliebling: gerhard-schroeder.de verzeichnete allein in der ersten Woche nach dem Launch über 2 Millionen Page-Impressions. Ein hohes Maß an Interaktivität erzeugte anhaltendes Interesse bei den Nutzern. In den Rubriken „Vita" und „Tour" fanden sich zahlreiche Videosequenzen, O-Töne im Audioformat und flash-animierte Karten. Die Verweildauer auf der Website betrug durchschnittlich 7 Minuten. Gleichzeitig unterstützte die Konzeption von gerhard-schroeder.de den so genannten „second visit": Viele Nutzer besuchten die Website mehr als einmal.

Als Politiker und Privatmensch wurde der Kanzlerkandidat der Union, Edmund Stoiber, auf www.stoiber.de präsentiert. Auch diese Kandidatenseite bot zielgruppenspezifische Informationen. Der Wahlkampfstrategie der CDU/CSU entsprechend wurde stoiber.de jedoch bereits im Frühjahr, also deutlich vor Beginn des eigentlichen Wahlkampfes, geschaltet. Denn der Kanzlerkandidat der Union sollte nicht nur als „ernster Mann für ernste Zeiten" präsentiert werden. Den Strategen der Union ging es auch um einen Image-Wechsel für den als konservativ-spröde geltenden bayerischen Ministerpräsidenten, um auf einen – von der SPD beabsichtigten – personalisierten Richtungswahlkampf vorbereitet zu sein. Stoiber sollte als Mann der Mitte positioniert werden. Für den Online-Bereich bot sich da der Launch einer modernen Kandidatenseite an.

Auch mit anderen Online-Instrumenten ging die Union früher in den Wahlkampf als die konkurrierenden Sozialdemokraten. Bereits im November 2001 startete die CDU mit www.wahlfakten.de ihre Online-Kampagne als Begleitaktion zum SPD-Parteitag in Nürnberg. Auf der Seite wurden Passagen aus der Parteitagsrede von Gerhard Schröder aufgegriffen und dazu umgehend widersprüchliche Daten und Aussagen eingestellt. Damit versuchten die Wahlkämpfer der CDU, eine Art Gegenberichterstattung zu befördern. Das Rapid-Response-Tool richtete sich denn auch explizit an die Zielgruppe der Journalisten und kam während der Wahlkampfmonate immer wieder zum Einsatz.

Die SPD reagierte darauf mit der Schaltung von www.nichtregierungsfaehig.de. Die Website diente der politischen Auseinandersetzung mit der CDU/CSU und ihrem Kanzlerkandidaten – als klar gekennzeichnete Meinungsseite und ohne den Anspruch auf „Objektivität", wie ihn die CDU mit Blick auf wahlfakten.de erhob. Auch www.nichtregierungsfaehig.de übernahm damit eine spezifische Funktion in der Online-Campaigning-Strategie der SPD und war zugleich eines der wichtigsten Kommunikationsinstrumente der Konkurrenzbeobachtung in der Kampa 02.

Eine aufgeschlossene, an Politik interessierte Internet-Öffentlichkeit wollte die SPD mit dieser Plattform erreichen. Multiplikatoren sollten Einschätzungen zu Programm, Personal und Performance der Union im Wahlkampf erhalten, die aktiven Wahlkämpfer der SPD mit Argumentationshilfen versorgt werden. Überdies sollte die Website dazu beitragen, die Kampagnenfähigkeit der Partei – im Internet sowie im Wahlkampf insgesamt – unter Beweis zu stellen.

Die Aktionsseite gewann in der Dramaturgie des SPD-Wahlkampfes schnell einen festen Platz. Äußerungen und Aktivitäten der Union und ihres Kanzlerkandidaten wurden hier mit Gegenargumenten gekontert. Charakteristisch für www. nichtregierungsfaehig.de war dabei eine Mischung aus lockerer Kommentierung und Hintergrundinformation in Verbindung mit netzspezifischen Infotainment-Elementen wie Flash-Animationen, O-Tönen oder multimedialen Formaten.

www.nichtregierungsfaehig.de sollte politische Botschaften für Zielgruppen transportieren, die nicht der Community politisch interessierter User zugerechnet werden konnten. Die Verknüpfung von Online- und Offline-Kampagne war von Beginn Teil der Konzeption. Gestartet wurde die Website im Dezember 2001 zum CDU-Parteitag in Dresden. Im Verlauf des Wahljahres gewann die Plattform zunehmend an Geschwindigkeit und Taktung. Mit dem CDU-Wahlparteitag in Frankfurt am Main (16.-18. Juni 2002) wurde die Ereignis- und Terminplanung für die Website intensiviert. War die Seite zuvor noch etwas verspielt, so orientierte sie sich fortan deutlicher an der Wahlkampfkonzeption im Offline-Bereich. Markssteine für die Fortschreibung der Seite waren wahlkampfrelevante Ereignisse bei der CDU/CSU und auch bei der FDP sowie nicht zuletzt die beiden TV-Duelle. Neue Module, grafische Elemente, Banner, Downloads etc. komplettierten sukzessive das Angebot auf www.nichtregierungsfaehig.de.

Aber auch die CDU ergänzte ihr Angebot im Web durch verschiedene Sonderaktivitäten, wie zum Beispiel den Flash-Film „Rote Laterne" mit einem Gerhard-Schröder-Gartenzwerg, der Deutschlands angebliche Schlusslichtposition beim Wirtschaftswachstum in Europa besang oder das „Helm-Spiel" mit Franz Müntefering, mit dem seine Forderung „Wir müssen den Helm jetzt enger schnallen" karikiert wurde. Der Kreativität im Netz waren lediglich die Grenzen des politisch Vertretbaren gesetzt – und über Geschmack kann man bekanntlich streiten.

Beide Parteien achteten auf ihren Kampagnenseiten darauf, die Konkurrenten nicht persönlich anzugreifen. Bei aller, zum Teil hart geführten Auseinandersetzung wurden die Netiquette eingehalten: Es ging überwiegend politisch zu auf den Websites von SPD und Union. Auch dies zeigt, dass der Internet-Wahlkampf der beiden großen Parteien nach strategischen Kriterien angelegt war, sich in die Dramaturgie des Wahljahres einfügte und integraler Bestandteil der Kampagnenplanung war.

Synchronisierung der TV-Duelle im Internet

Die TV-Duelle zwischen Bundeskanzler Schröder und Kanzlerkandidat Stoiber waren eine Premiere im deutschen Fernsehen und zugleich die medialen Highlights im Bundestagswahlkampf. Die TV-Events leisteten der Personalisierung in der politischen Auseinandersetzung des Wahljahres weiteren Vorschub. Für die Online-Kampagne der SPD war dieses Ereignis mit zwei Herausforderungen verbunden: Wie gelingt es, eine Verbindung des Kanzlerauftrittes mit der Dachmarke spd.de herzustellen? Und welche Möglichkeiten bestehen für eine Verknüpfung der Internet-Kampagne mit dem Fernseh-Wahlkampf?

Die Online-Offline-Synchronisierung des TV-Duells erfolgte mit einem prominent positionierten Live-Reaction-Modul – www.spd-extra.de. Technisch auf der Plattform spd.de angesiedelt, erhielt die Website ein eigenständiges Look-and-Feel innerhalb der Online-Kampagne.

Zielgruppe von spd-extra.de waren Internetnutzer, die während des TV-Duells online gingen (oder blieben) – vor allem Multiplikatoren und Journalisten, die auf zusätzliche Informationen während der TV-Sendung nicht verzichten wollten, sowie politisch interessierte Heavy User, die das Notebook neben dem Fernsehgerät platzierten.

Auf der temporären Plattform wurden die Offline-Aussagen der TV-Duelle live aufgegriffen, bewertet und dokumentiert. Die Arbeit mit einem Content-Management-System, verschiedenen Datenbanken und Info-Tools ermöglichten fundierte Online-Reaktionen. Die schnelle Reaktion wurde durch ein nachhaltiges Informationsangebot ergänzt. Thematische Verlinkung ermöglichte dem User die individuelle Vertiefung in die einzelnen Themengebiete, die in den TV-Duellen angeschnitten wurden. Die jeweils diskutierten Sachverhalte konnten auf diese Weise umfassend dargestellt werden. Fehlende Informationen, Zahlen, Daten und Fakten die weder von den beiden Hauptakteuren, noch von den Moderatoren bzw. Moderatorinnen geliefert wurden, konnten im Netz zur Verfügung gestellt werden.

E-Mails an die Redaktion von spd-extra.de in der Kampa 02 wurden noch während der Sendung beantwortet. Live-Cams vermittelten die Arbeitsatmosphäre aus der SPD-Wahlkampfzentrale. Sechs Stunden nach den Duellen waren die wichtigsten Aussagen der Akteure als Videostreams dokumentiert und kommentiert. Interessierte Nutzer bekamen damit die Möglichkeit, die Wortbeiträge von Kanzler und Kandidat „on demand" abzurufen. Das Internet als Medium zeigte hier seine Stärken: Es war immer da und immer dabei.

Gemessen an der Kontaktqualität mit dem einzelnen User bzw. potenziellen Wähler sowie dem Imagegewinn und den PR-Effekten handelte es sich bei spd-extra.de um ein erfolgreiches Web-Event: ein erster gelungener Versuch, Fernseh- und Online-Wahlkampf miteinander zu verbinden und gleichzeitig die medienspezifischen Instrumente des Netzes zum Einsatz zu bringen.

Die Partei als Info-Broker

Wissenstransfer und Online-Medienkompetenz erhöhen die Kampagnenfähigkeit der Parteien im politischen Wettbewerb. Als zentrale Kommunikationsplattform für die interne Parteiöffentlichkeit etablierte die Bundes-SPD schon vor Beginn des Wahlkampfes das Mitgliedernetz www.spd-online.de. Seit Juli 2001 stand es allen Parteimitgliedern zur Verfügung. In diesem internen Netz fand eine tagesaktuelle Informationsaufbereitung zu allen relevanten Themen statt.

SPD-Online wirkte im Wahlkampf vordringlich als Informationsdienst für die Mitglieder – ohne massenmediale Filter. Darüber hinaus offerierte das Mitgliedernetz zusätzliche Funktionen, quasi als Info- und Kommunikationsplattform für die interne Vernetzung. Das Forum zum direkten Austausch mit anderen Wahlkämpfern, die Downloads von aktuellen Flugblättern sowie der Bestellservice für Wahlkampfmaterialien standen neben der Webmail-Funktion dabei im Mittelpunkt.

SPD-Online wurde so zu einem relevanten Faktor für die Kampagnen- und Reaktionsfähigkeit der Partei im Wahlkampf.

Verglichen mit dem Status von 1998 wurden die internen Kommunikationsstrukturen der SPD in den Jahren 2001/2002 nachhaltig verbessert. Vier Jahre zuvor hatten nur die hauptamtlichen Funktionäre die Möglichkeit, eine interne Kommunikationsplattform – das Intranet des SPD-Parteivorstandes – zu nutzen. Im Bundestagswahlkampf 2002 war es jedem Parteimitglied möglich, sich mit seiner Mitgliedsnummer und seinem Geburtsdatum in das Mitgliedernetz einzuloggen. Dergestalt konnte SPD-Online jedem Mitglied Materialien und Informationen für die tägliche Arbeit anbieten. Damit wurde der Anspruch einer nachhaltigen Kommunikation nach innen verfolgt.

Zeit und Kostenersparnisse wurden insbesondere an den Webmail-Funktionen und der Nutzung des Vertriebsservice in SPD-Online sichtbar. Jedem Mitglied stand und steht eine eigene SPD-Online E-Mail-Adresse zur Verfügung, die automatisch in die Mitgliederadressenverwaltung übernommen wird. Jeder Wahlkämpfer konnte seine benötigten Materialien online im Mitgliedernetz bestellen. Die Gliederungen der Partei sparten dadurch nicht nur Geld, sondern auch Zeit.

Das Mitgliedernetz www.spd-online.de bildet den Kern einer neuen Kommunikations-logistik für die Partei. Dahinter stehen Strukturen und eingeübte Prozessabläufe, die zu einer Erhöhung der Mitgliederbeteiligung führen können. Fortbildung und ein Zuwachs an Online-Medienkompetenz der Mitglieder stellen sich in der täglichen Arbeit ebenso ein wie eine effektivere Koordination und Aufgabenverteilung.

Auch bei der CDU spielte der interne Einsatz von Internet und mobiler Kommunikation im Wahlkampf eine beachtliche Rolle. So waren über 30 000 Abonnenten via E-Mail-Verteiler unterschiedlicher Dienste durch die Wahlkämpfer im Konrad-Adenauer-Haus erreichbar. Per SMS konnten Parteispitze und Parteimitglieder rasch über aktuelle Entwicklungen informiert werden. In der Hochphase des Wahlkampfes gab es nahezu einen täglichen Kontakt mit Kandidaten und Kreisverbänden.

Seit Oktober 1999 ist das interne CDUnet online und verfügt mittlerweile über eine fest etablierte Nutzerstruktur. Im Wahlkampf gab es dort tagesaktuelle Informationen aus der Berliner CDU-Zentrale, auf die fast alle Funktions- und Mandatsträger der regionalen und lokalen Gliederungen zugreifen konnten. Ergänzt wurde das CDUnet im Wahlkampf 2002 durch das so genannte KandiNet mit einem gesonderten Angebot für Kandidaten und Wahlkämpfer.

SPD und CDU werden ihre Erfahrungen aus dem Bundestagswahlkampf 2002 auf dem Feld der netzgestützten internen Kommunikation nutzen, um ihre bestehenden Systeme weiterzuentwickeln. Die Evaluation des vorhandenen Angebots in den Mitgliedernetzen, zum Beispiel im Hinblick auf Übersichtlichkeit, Nutzerfreundlichkeit und den konkreten Mehrwert für die Parteiarbeit vor Ort, ist dabei ebenso notwendig wie die Einbeziehung der Erfahrungswerte seitens der Nutzer, aus denen Empfehlungen für die künftige Arbeit mit dem Mitgliedernetz abgeleitet werden können.

Ein Datenspeicher für die Kampagne

Zu den zentralen Aufgaben der SPD-Wahlkampfzentrale zählten Service- und Dienstleistungen für die Kandidaten und aktiven Wahlkämpfer in den 299 Wahlkreisen. In der Kampa stand man daher vor der Frage, wie ein schneller Informations- und Kommunikationsfluss bewältigt werden könnte. Tempo, transparente Arbeitsvorgänge und der Zugriff auf einen aktuellen Datenpool sind wichtige Voraussetzungen für eine effektive Kampagnenarbeit. Ebenso wichtig ist die Betreuung und der regelmäßige Kontakt zu den an einer Kampagne beteiligten Akteuren. Es gilt Stimmungen, Kritik und Anregungen vor Ort aufzufangen und entsprechend darauf zu reagieren.

Zwei Kampagnen-Instrumente wurden nach diesen Anforderungen für den Bundestagswahlkampf 2002 entwickelt und in der Kampa 02 eingesetzt. Zum einen wurde eine Hotline als zentrale telefonische Anlaufstelle für alle Fragen der Aktiven aus den Wahlkreisen eingerichtet. Diese führte auch in regelmäßigen Abständen Gruppen-Anrufe in die Wahlkreise hinein durch, zu Kandidaten, Funktionären und Wahlhelfern. Dadurch konnten in den einzelnen Wahlkampfphasen Stimmungs- und Meinungsbilder direkt aufgenommen sowie Anregungen und Anforderungen zu den zentralen Wahlkampfinstrumenten gesammelt werden.

Die SPD-Wahlkampfzentrale erhielt so eine Übersicht über die Aktivitäten in den Wahlkreisen. Die dabei gewonnenen Informationen flossen in eine interne Datenbank ein und wurde dort abgebildet. Mit diesem internetgestützten Kampa-Informationssystem wurde ein Datenspeicher für die Kampagne der SPD eingerichtet, der insbesondere der Hotline zugute kam. Aktuelle Daten konnten während der Telefonate abgerufen und Fragen zügig beantwortet werden. Der Informationsfluss in die Wahlkreise hinein und die Rückkoppelungen aus den Wahlkreisen in die Kampa 02 wurden auf diese Weise abgebildet. Über das Kampa-Informationssystem war ein zentralen Zugriff auf alle relevanten Wahlkreisdaten gewährleistet.

Das so entstandene Profil eines elektronischen Datenspeichers wurde im Verlauf der Kampagne kontinuierlich ausgebaut und erweitert. Mitarbeiter verschiedener Arbeitsbereiche in der Wahlkampfzentrale entwickelten ihre jeweiligen Anforderungen, die dann in das Kampa-Informationssystem eingearbeitet wurden. Beginnend mit der Implementierung des Systems wurden wahlkreisbezogene Kerndaten kontinuierlich eingepflegt. Grundinformationen wie Wahlkreisname und -nummer, Kennzahlen aus der hauptamtlichen Organisation, Kontaktdaten der Direktkandidaten sowie der Ansprechpartner im Wahlkreis wurden teilweise in digitalisierten Wahlkreiskarten dargestellt und visualisiert.

Der Zugriff auf diese Datenansicht vereinfachte, beschleunigte und effektivierte die Arbeitsabläufe innerhalb der Kampa. Eine umfangreiche Datenrecherche und -erfassung musste nur einmal erfolgen, die zeitaufwendige Pflege von Einzeldaten entfiel. Datensätze konnten sukzessive aus den verschiedenen Arbeitsprojekten in das Kampa-Informationssystem automatisch übernommen werden.

Darüber hinaus wurden wahlkreisbezogene Projektdaten im System erfasst. So zeichnete sich im Verlauf der Kampagne ein recht genaues Bild von den Aktivitäten in den 299 Wahlkreisen ab. Wahlkreisbezogene Projektdaten wurden wie die Organisationsdaten in Wahlkreiskarten zusammengefasst und dargestellt.

In der heißen Phase des Wahlkampfes gewann die Funktionsfähigkeit und der konkrete Nutzwert des Kampa-Informationssystems immer mehr an Bedeutung. Eine der wichtigsten Anforderungen bestand nun darin, den Informationsaustausch noch einmal zu beschleunigen. Wichtig war zudem die Erfassung von Rückmeldungen über den Einsatz der zentralen Mobilisierungsinstrumente in den Wahlkreisen.

Zur Steuerung dieser Aufgaben wurden Ad-hoc-Umfragen eingesetzt. Dabei konnten einfache Ja/Nein-Optionen genauso eingebunden werden wie freie Textfelder und Zahleneingaben. Die so angefertigten Umfragen wurden über eine entsprechende Verknüpfung mit dem Mailprogramm an die Empfängergruppen versendet.

Die Häufigkeit und der Umfang der versendeten Ad-hoc-Umfragen variierte. Wichtig war hierbei die Orientierung darauf, was in den Wahlkreisen zu leisten war. Die Hilfestellungen für die Aktiven standen im Vordergrund, Arbeitsabläufe sollten nicht unnötig kompliziert werden.

Die über das Kampa-Informationssystem gewonnenen wahlkreisbezogenen Daten spiegelten in ihrer Gesamtheit den Aktivitätsgrad der Wahlkreise im Bundestagswahlkampf 2002 wieder. Dieser gab auch Auskunft über den Stand der Mobilisierung in den Wahlkreisen. Mit diesem Status konnte innerhalb der Kampagnenarbeit zusätzlich Unterstützung organisiert werden. Zielgerichtet wurden den Wahlkreisen Hilfen, wie zum Beispiel zusätzliche Seminare oder Mobilisierungsveranstaltungen, angeboten. Auch persönliche Gespräche mit den Aktiven in den Wahlkreisen erfolgten aufgrund der vorgenommen Analysen.

Mit dem Kampa-Informationssystem gelang es der SPD im Bundestagswahlkampf, Arbeitsprozesse und Wahlkampfaktivitäten transparent darzustellen. Diese Transparenz war eine Grundvoraussetzung, um den Verlauf der Kampagne in den unterschiedlichen Phasen zu beobachten und zu messen. Defizite konnten so schnell erfasst, notwendige Handlungsanleitungen gegeben werden. Der Einsatz von bestimmten Wahlkampf-Instrumenten konnte je nach Anforderung forciert oder gestoppt werden. Deutlich wurde dabei, dass zielgerichtetes Kampagnenmanagement die Effektivität um ein Vielfaches erhöht und den Verbrauch von knappen Ressourcen senkt. Dies gilt sowohl für die Aktiven in den Wahlkreisen als auch für die Aktiven in den Kampagnenzentralen.

Online-Campaigning-Team: Freiwillige Wahlhelfer im Netz

Die Mobilisierungsfrage stellte sich nicht nur im Hinblick auf die eigenen aktiven Parteimitglieder. Auch für die Ansprache und Rekrutierung von freiwilligen Helfern im Wahlkampf spielte das Internet im vergangenen Jahr eine wichtige Rolle. Die SPD verband deshalb die Volunteering-Idee mit den Möglichkeiten des Internets.

Die über das Netz mobilisierten Mitglieder des so genannten „Online-Campaigning-Teams" (OCT) bildeten eine eigene Community aus internetaffinen Sympathisanten und Mitgliedern der SPD. Die Kampa bot dieser Community eine einfache, klare Netzwerkstruktur zur Selbstorganisation an. In einem passwortgeschützten Bereich wurden „Jobs" aus der täglichen Arbeit im Wahlkampf ausgeschrieben, für die sich OCT-Mitglieder dann aktiv zur Verfügung stellen konnten. Einzige Voraussetzung dafür war eine entsprechende Qualifikation für die zu bearbeitende Aufgabe. Die Kontaktaufnahme zwischen Anbieter und Interessenten erfolgte direkt auf der Basis von E-Mail-Kommunikation. Sobald ein „Job" vergeben war, wurde dieser aus dem Jobmarkt gestrichen.

Die Idee des E-Volunteering wurde auch von anderen Parteien im Wahlkampf umgesetzt. Hier zeigte sich sehr deutlich, dass die Einsatzmöglichkeiten des Internets in der Kampagne nicht auf Informations- und Kommunikationsaufgaben beschränkt blieben. Vielmehr wurde das Netz verstärkt auch als Organisations- und Arbeitsplattform für Unterstützer genutzt, die aus verschiedenen Gründen mit anderen Angeboten zur Mitwirkung und zum parteipolitischen Engagement im Wahlkampf nicht erreicht werden konnten.

Neben dem Fundraising im Internet, das in Deutschland bislang noch nicht sehr ausgeprägt ist, wird die Mobilisierung von „Kampagneros" im und durch das Netz künftig an Bedeutung gewinnen. Erfahrungen aus dem Bundestagswahlkampf 2002 können dabei hilfreich sein, um das Engagement von Mitgliedern und Sympathisanten auf unkonventionelle Weise in die parteipolitische Kampagnenarbeit einfließen zu lassen. Das Online-Campaining-Team der SPD, aber auch die im Internet aktiven Unterstützer der CDU oder der FDP markierten im Wahljahr 2002 den Beginn einer solchen Entwicklung.

Informationsplattform, Kommunikationsplattform, Arbeitsplattform

War der Bundestagswahlkampf 2002 tatsächlich der erste Internet-Wahlkampf in Deutschland? Man kann das bejahen. Denn im Unterschied zu 1998 war der Einsatz des Internets im zurückliegenden Wahljahr ein geplanter und integrierter Bestandteil der Kommunikationsstrategie und nicht mehr vordringlich ein Kotau vor dem progressiven Image modernen Kampagnenmanagements.

Anderthalb Jahre vor der Bundestagswahl begann die SPD damit, die Voraussetzungen für ein zeitgemäßes Online-Campaigning zu schaffen. Mit dem Aufbau des Mitgliedernetzes ging eine Modernisierung der technisch-organisatorischen Internet-Infrastruktur des SPD-Parteivorstandes einher. Und mit der Implementierung eines Content-Management-Systems als Basis für die Internet-Aktivitäten der Bundespartei wurden die Workflows der gesamten Online-Kommunikation neu konzipiert. Diese Trennung von Technik und Inhalt bildete die Grundlage für eine schnelle, flexible und präzise Wahlkampfführung im Internet.

Die Internet-Kampagne wurde im Verlauf des Wahljahres mehr und mehr zu einem Eckpfeiler im Wahlkampf der SPD. Positive Trends für die Partei konnten im und durch das Internet verstärkt werden. Und in schwierigen Phasen avancierte der Online-Wahlkampf zu einer wichtigen Unterstützungslinie für die gesamte Kampagne – intern wie auch nach außen.

Mit dem Mitgliedernetz SPD-Online sind zwar schon wichtige Schritte für die interne Vernetzung der Partei unternommen worden. Gleichwohl liegen hier noch große Entwicklungspotenziale. Dabei gilt es, die Bedürfnisse der Mitglieder beim weiteren Ausbau von SPD-Online stärker einzubeziehen und vorhandene Hemmnisse abzubauen. Das dürfte im Übrigen auch für andere Parteien, die sich eines solchen Instruments bedienen, gelten. Eine Erfolgskontrolle nach dem Wahlkampf ist daher unbedingt sinnvoll. Entscheidend wird sein, ob die Präsenz im Netz mit einem konkreten Nutz- und Mehrwert für die Mitgliedschaft verbunden ist. Im Vordergrund sollten dabei Serviceleistungen stehen, die das einzelne Mitglied in seinem Engagement unterstützen und stärken.

Erst dann wird aus einem Informationsmedium – so mancher Kampagnenplaner betrachtet das Internet noch immer ausschließlich unter dieser Prämisse – ein wirklicher Kommunikationsraum und darüber hinaus eine Arbeitsplattform für die Parteiorganisation. Am Ende einer solchen Entwicklung könnte ein Rundum-Service für das einzelne Mitglied als Vorstufe zu einem zielgruppengerechten Angebot für Sympathisanten, Interessierte und potenzielle Wähler stehen. Auch wenn diese Idee eines netzgestützten Voter-Relationship-Management noch in eine fernere Zukunft deutet, lässt sie doch einen Blick zu auf die Möglichkeiten, die das Internet den Parteien in puncto Mitgliederbetreuung und Wählerbindung eröffnen kann.

In der zielgruppenspezifischen Ansprache liegt die eigentliche Stärke des Mediums, das in dieser Hinsicht bei weitem noch nicht ausgeschöpft ist. Über das Internet können nicht nur schnell und kostengünstig Informationen an viele Empfänger übermittelt werden. Politische Kommunikation kann durch das Netz überdies sehr zielgenau erfolgen – eine Anforderung, die angesichts der ständig wachsenden Informationsmenge zunehmend an Bedeutung gewinnt. Schließlich will der Anbieter einer politischen Information auch zu seinen potenziellen Wählern durchdringen, was angesichts der Konkurrenz auf dem „Content-Markt" keineswegs einfacher wird. In der differenzierten Ansprache liegt deshalb eine große Herausforderung für die Parteien mit Blick auf kommende Wahlkämpfe.

Am Ende könnte dann die vernetzte Partei stehen, deren Informations- und Kommunikationskultur nachhaltig verändert und professionalisiert worden ist – jenseits von Imagefragen und Inszenierungen. Online-Kommunikation leistet damit einen relevanten Beitrag zur Erhöhung der Kampagnenfähigkeit der Parteien in der Mediendemokratie.

Der Online-Wahlkampf 2002 hat Maßstäbe für die Nutzung des Internets als Kampagnenplattform und -instrument gesetzt und damit einen Beitrag zur Weiterentwicklung politischer Kommunikation im Netz geleistet. Das Online-Campaigning ist nicht zuletzt deshalb im Wahljahr zu einem Thema in den konventionellen Offline-Medien geworden und hat die Berichterstattung über den Wahlkampf – sowohl die Konzeptionen und Strategien der Parteien als auch deren Macher – nachhaltig beeinflusst. Davon zeugt eine breite Berichterstattung über den Internet-Wahlkampf aller Parteien, die Kommentierung von Instrumenten, Tools, Infotainment-Elementen, gutem und schlechtem Geschmack im Netz.

Bei all dem darf eines jedoch nicht außer Acht geraten: Das Internet bleibt trotz der vielfältigen technischen, kommunikativen und gestalterischen Möglichkeiten nur ein Medium, eine Infrastruktur und eine Toolbox. Es ersetzt nicht politische Inhalte. Daran muss gelegentlich erinnert werden, wenn eifrige Kampagnenplaner und Online-Strategen allzu tief in die Trickkiste internetgestützter Politikvermittlung greifen wollen. Der nächste Wahlkampf wird politischer, das Netz ist dabei kein Selbstzweck. Es hilft lediglich, die Inhalte von Politik in der Wissens- und Informationsgesellschaft an ein interessiertes oder nach Möglichkeit noch zu interessierendes Publikum zu bringen.

Gabriele Winker

Fokus Bürgerin
Zur genderbewussten Gestaltung öffentlicher Räume in kommunalen E-Government-Portalen

Verpasste Chancen

Heutzutage gibt es kaum mehr eine Gemeinde oder Stadt in Deutschland, die nicht Projekte im Bereich des Electronic Government realisiert. Da E-Government sowohl das Alltagshandeln der Verwaltung als auch das politische Agieren auf kommunaler, Landes- und Bundesebene durchdringt, richten sich große Hoffnungen auf E-Government-Prozesse. Durch bessere Erreichbarkeit wird ein neues Verhältnis zwischen den Behörden und den Bürgern bzw. Bürgerinnen erwartet,[1] die künftig über Partizipation und Kontrollen stärker in staatliche Entscheidungsprozesse eingebunden würden.[2] Demokratische und soziale Innovationen könnten durch E-Government entwickelt und unterstützt werden.[3] Euphorisch verspricht man sich von den Informations- und Kommunikationstechnologien die Entwicklung eines neuen öffentlichen Raums, in dem sich Demokratie auf direktere Weise konstituieren kann.[4]

So viel versprechend sich diese Demokratisierungspotenziale auch anhören, so genau muss gefragt werden, wie die derzeitigen E-Government-Prozesse diesen Erwartungen gerecht werden und wie sich dieses Potenzial in kommunalen Internet-Plattformen niederschlägt. Dabei gilt es zu prüfen, für welche Zielgruppen elektronische Angebote gemacht werden, die zu mehr Transparenz und Partizipation beitragen können. Werden Bürgerinnen in gleichem Maße angesprochen wie Bürger? Haben E-Government-Portale auch Mädchen, erwerbslose Frauen, Migrantinnen, Lesben oder Alleinerziehende im Blick?

Die Bilanz ist insgesamt ernüchternd. Nach einigen Jahren teilweise intensiver staatlicher Förderung sind E-Government-Projekte noch weit entfernt von den erwarteten Veränderungen und Zukunftsvisionen. Auf den elektronischen Webportalen stehen Informationsangebote im Vordergrund, die sich auf die Bereiche Verwaltung, Wirtschaft und Tourismus beziehen. Transaktionen gibt es erst in Ansätzen und oft sind darüber nur selten benötigte Verwaltungsakte abzuwickeln. Die dringendsten Probleme, die es online zu lösen gilt, scheinen bei der KFZ-Zulassung und der Reservierung eines KFZ-Wunschkennzeichens zu liegen. Dagegen sind die vielfältigen kommunalen Initiativen, Betreuungs- und Beratungseinrichtungen noch viel zu selten in die Website einer Stadt oder Gemeinde umfassend und technisch hochwertig integriert. Auch lassen sich kaum lebendige Online-Foren zu aktuellen Themen oder Online-Umfragen über kommunale Sachverhalte finden. Innerhalb der E-Government-Portale werden keine Räume entwickelt, in denen soziale Bewegungen ihre politischen Zielrichtungen benennen und diskutieren können. Die Beteiligungsmöglichkeiten von Bürgern und Bürgerinnen bleiben unterentwickelt.

Während die informationstechnisch gestützte Abwicklung von Dienstleistungen öffentlicher Einrichtungen (E-Administration) zumindest in einigen Feldern erste Erfolge zeigt, gibt es kaum Fortschritte im Bereich der E-Democracy.[5] Die Bereitstellung digitaler Informationen, mit denen Bürger und Bürgerinnen einen Einblick in (verwaltungs-)politische Prozesse gewinnen können, sowie digitale Interaktionsmöglichkeiten, über die Bürger und Bürgerinnen auf die Entscheidungen öffentlicher Institutionen Einfluss nehmen können, stecken noch in den Anfängen. So kommen auch verschiedene Studien übereinstimmend zum Ergebnis, dass die deutschen Kommunen im Bereich elektronischer Demokratie durchschnittlich ein deutlich schlechteres Angebot aufweisen als im Bereich elektronischer Verwaltung.[6] Damit kommt gerade der innovative Gehalt des neuen Mediums, nämlich die Unterstützung bi- bzw. multilateraler Interaktionen zwischen Politik, Verwaltung und unterschiedlichsten Bürgergruppen, kaum zum Tragen. Dies spiegelt sich auch in den Ergebnissen des (N)Onliner Atlas 2002 wider. Danach fehlen den Nutzern und Nutzerinnen nicht nur zufrieden stellende E-Government-Angebote, sondern auch interaktive Services wie zum Beispiel Diskussionsforen.[7]

Warum aber sind die interaktiven Beteiligungsmöglichkeiten von Bürgern und Bürgerinnen so schwach ausgeprägt? Zunächst wird diese Situation als Ausdruck der vorherrschenden Priorisierung des Ziels „Kunden- und Dienstleistungsorientierung" gegenüber dem Ziel der „Förderung demokratischer Teilhabe" gewertet.[8] Im Vordergrund des verwaltungsinternen Interesses stehen Verwaltungsmodernisierung, Effektivitätssteigerung und Rationalisierung. Die Nutzer von Dienstleistungen werden als Konsumenten gesehen. Der ökonomische Sektor gilt als Leitbild.[9] Oft wird nur noch das weiterentwickelt, was sich betriebswirtschaftlich rechnet. Übrig bleiben dann E-Government-Prozesse als Informations-Einbahnstraßen von den staatlichen Organen und den öffentlichen Verwaltungen hin zu einem abstrakten Nutzer, der weder nach Alter, Geschlecht, Ethnie noch nach sozialem Milieu differenziert wird.

Und damit ist ein zweiter wichtiger Grund für das Nicht-Gelingen verstärkter demokratischer Teilhabe angesprochen. Es fehlen zielgruppenspezifische Angebote, die wirklich differenziert den Interessen und Belangen von Frauen und Männern in unterschiedlichsten Lebenslagen gerecht werden. Stattdessen wird ganz allgemein auf Bürger- und Serviceorientierung verwiesen. Damit wird ignoriert, dass die Partizipationsmöglichkeiten von Bürgern und Bürgerinnen am politischen System verschieden stark ausgeprägt sind und sie vom konkreten Verwaltungshandeln unterschiedlich betroffen sind. Je nach sozialer und ethnischer Herkunft, je nach Einkommens- und Bildungsressourcen, ja nach konkreter Lebenslage stellen Bürger und Bürgerinnen an Politik und Verwaltung unterschiedliche Anforderungen und sind gleichzeitig auch unterschiedlich stark in politische Prozesse integriert. Dabei spielt auch das Geschlecht eine wichtige Rolle. Einerseits sind viele Frauen wegen ihrer Verantwortung für ihre Familien stark auf öffentliche Dienstleistungen, insbesondere in den Kommunen angewiesen, und andererseits sind sie im politischen System unterrepräsentiert und kaum an der Spitze von öffentlichen Verwaltungen in Ämtern mit Entscheidungsbefugnis zu finden.

Selbstverständlich gehen die unterschiedlichsten Interessen und Lebenssituationen der Bürger und Bürgerinnen auch mit sozialer Ungleichheit einher. Dies wird in den euphorischen Visionen übersehen, die das – oft mit dem von Habermas[10] entwickelten Modell der herrschaftsfreien Kommunikation in Verbindung gebrachte – Ziel einer idealen Öffentlichkeit verfolgen. Diese von Habermas vertretene Idee eines einheitlichen diskursiven Raumes, in dem Bürger und Bürgerinnen gleichberechtigt über ihre gemeinsamen Angelegenheiten beraten und politische Mitbestimmung durch das Medium des Gesprächs realisieren, ist in der Vergangenheit immer wieder kritisiert worden.[11] Dabei wird zwar positiv an der Möglichkeit der gleichberechtigten Teilhabe angeknüpft, gleichzeitig aber auf die einschränkenden Faktoren verwiesen.

So kritisiert die feministische Demokratietheoretikerin Fraser die Ausklammerung sozialer Ungleichheit bei Habermas und verweist darauf, dass es unter heutigen Bedingungen zur Ausprägung von hegemonialen oder dominanten Öffentlichkeiten einerseits und vielen begrenzten oder subalternen Öffentlichkeiten andererseits kommt.[12] Daran anschließend darf das demokratische Potenzial des Internets nicht aus einer einheitlichen und damit einer hegemonialen Sicht betrachtet werden, sondern muss die Existenz unterschiedlicher Gruppen mit ihren konkurrierenden Teilöffentlichkeiten beachten. Auf einem solchen theoretischen Hintergrund kann eine Analyse von derzeitigen E-Government-Projekten die demokratischen Entwicklungsmöglichkeiten differenziert bestimmen.

Internetportale von Städten und Gemeinden können dann zur diskursiven Partizipation beitragen, wenn ein öffentlicher Raum gefördert wird, der mit vielfältigen Informationen für unterschiedlichste Lebenslagen zur gesellschaftlichen Transparenz beiträgt und auf dieser Voraussetzung über vielfältige Interaktionsmöglichkeiten demokratische Teilhabe ermöglicht. Wie wenig dieser Anspruch derzeit eingelöst wird, möchte ich im Folgenden am Beispiel der Frauen- und Gleichstellungspolitik verdeutlichen, um daran anschließend auf Handlungsmöglichkeiten zu verweisen.

Geschlechtsblinde Realität

Die fehlende Berücksichtigung von Zielgruppen schlägt sich in E-Government-Portalen insofern deutlich nieder, als viele Themen, die sich auf die Belange von Frauen beziehen oder auf Interessen und Lebenssituationen, die in unserer Gesellschaft weiblich konnotiert sind, bisher nicht integriert sind. An anderer Stelle wurde von der Autorin bereits darauf verwiesen, dass die virtuelle Abbildung der dort untersuchten bundesdeutschen Landeshauptstädte in Bezug auf unterschiedliche Alltagsbelange, die für Frauen interessant sein können, noch weitaus schlechter ist als die städtische Realität, die bei der Unterstützung von Frauen zugeordneten Tätigkeiten ebenfalls noch viel zu wünschen übrig lässt.[13] Deutsche Landeshauptstädte sind weit davon entfernt, mit ihren elektronischen Stadtinformationssystemen Frauen ein Angebot zur Verfügung zu stellen, das zur Zeitersparnis und Arbeitserleichterung führen kann und die vorhandenen Angebote von und für Frauen im öffentlichen Raum eines gut zugänglichen Portals präsent werden lässt.

Das bedeutet gleichzeitig auch, dass mit E-Government bisher keine neuen Ansätze zu einer Gleichstellung von Frauen und Männern verfolgt werden, sondern Frauenbelange der unterschiedlichsten Art, die nicht zur hegemonialen Öffentlichkeit gehören, weiterhin ausgegrenzt oder nur mit marginaler Priorität verfolgt wer-

den. Und dies wird sich auch in Zukunft ohne frauenpolitisches Handeln nicht ändern. So ist in den konzeptionellen Grundlagen von E-Government-Projekten weder das alte Programm der Frauenförderung aus den 1980er-Jahren, noch die in den
1990er-Jahren maßgebliche Gleichstellungspolitik, noch die neue Strategie des
Gender Mainstreaming zu finden. Und dies, obwohl beinahe zeitgleich mit dem Entstehen von E-Government-Projekten Gender Mainstreaming offizielle Regierungs-
politik wurde.[14]

Gender Mainstreaming als Strategie wird als Auftrag an Politik und Verwaltung
sowie an die dort Beschäftigten verstanden, bei allen gesellschaftlichen Vorhaben,
also auch bei der Realisierung von E-Government-Prozessen, die unterschiedlichen
Lebenssituationen und Interessen von Frauen und Männern von vorneherein wahr-
zunehmen und regelmäßig zu berücksichtigen. Gerade im Rahmen der Verwaltungsmodernisierung, so der Grundgedanke von Gender Mainstreaming, gilt es
den Blickwinkel der Gleichstellung zwischen Frauen und Männern einzunehmen
und politische Entscheidungen im Vorfeld aus der Genderperspektive auf ihre
mutmaßlichen Auswirkungen hin zu überprüfen, geschlechtsspezifische Dispari-
täten beim Mitteleinsatz zu vermeiden und Geschlechterungleichheiten abzubau-
en. Gender Mainstreaming ist als Top-Down-Ansatz angelegt. Deswegen müsste
das Prinzip des Gender Mainstreaming auch in den Leitbildern, Strategien und
Zielvorgaben von E-Government-Projekten aufgenommen sein. Wie aber sieht
die Realität aus?

Auch wenn es verschiedenste E-Government-Handbücher und -Leitlinien gibt,
findet sich in diesen Konzepten bisher keine Erwähnung von Gender Mainstreaming und auch keine Erwähnung einer Zielsetzung, die einen Beitrag zur Chancengleichheit von Frauen und Männern leistet. Bis zur Fertigstellung dieses Artikels
Anfang August 2003 enthält auch die vom Bundeswirtschaftsministerium mit über
30 Mio. Euro breit geförderte Media@Komm-Initiative auf ihrer Homepage
(www.mediakomm.net), auf der Konzepte, Arbeitsergebnisse etc. gesammelt werden, noch keinerlei Hinweise auf Frauen- oder Genderfragen. Damit ist diese Initiative allerdings in guter Gesellschaft. Das E-Government-Handbuch des Bundes-
amts für Sicherheit in der Informationstechnik, das die Bundesinitiative BundOn-
line 2005 betreut, hält es ebenfalls nicht für notwendig, auf Genderaspekte und Fragen der Chancengleichheit einzugehen.[15] Auch die allermeisten wissenschaftlichen
Untersuchungen – wie zum Beispiel eine von der Friedrich-Ebert-Stiftung finanzierte Studie zum E-Government in den Bundesländern[16] oder die von Media@
Komm geförderte Studie zu den Profilen des virtuellen Rathauses in über 20 Städten[17] – benennen keine Genderfragen. In einem Bericht über das virtuelle Rathaus
der Stadt Hagen, das sich selbst als herausragendes und in vieler Hinsicht einzigar-
tiges Beispiel benennt und das angeblich einen ganzheitlichen Ansatz verfolgt, tauchen Bürgerinnen noch nicht einmal in der Sprache auf.[18]

Die Nicht-Benennung der Genderfragen bedeutet gleichzeitig, dass in E-Government-Projekten in aller Regel auch keine Gelder für eine gendersensitive Gestaltung von kommunalen Internetportalen bereitgestellt werden. So stehen in der Me-
dia@Komm-Initiative, immerhin einem Leitprojekt der Bundesregierung, keinerlei
finanzielle Ressourcen zur Verfügung, um Konzeptionen für ein genderbewusstes
E-Government zu entwickeln bzw. durch die Realisierung von Best-Practice-Beispielen in kommunalen Internetportalen zur Unterstützung von Gleichstellung von
Frauen und Männern beizutragen. Dementsprechend sind auch die praktisch umge-

setzten Transaktionen allzu oft am Bild des männlichen KFZ-Liebhabers oder Bauherrn orientiert.

Zusätzlich fällt auf, dass auch die verwaltungsinternen geschlechtshierarchischen Konsequenzen von E-Government nicht bedacht werden. In den öffentlichen Verwaltungen entstehen im Zusammenhang mit E-Government neue Arbeitszuschnitte, die inhaltlich herausfordernd sind und oft auch mit Aufstiegsmöglichkeiten zusammenhängen. Zwar gibt es Aufstellungen zu diesen neu geschaffenen Stellen, die allerdings nicht geschlechterbezogen aufgeschlüsselt werden.[19] So lässt sich nur aus den Erfahrungen vorgängiger Technik-Einführungsprozesse in den öffentlichen Verwaltungen schließen, dass vermutlich wiederum die technisch orientierten und mit Entscheidungsbefugnissen zusammenhängenden Aufgaben in E-Government-Projekten primär Männern zugeordnet werden.[20] Auch dies wird nicht reflektiert.

So lässt sich festhalten, dass ein Zusammendenken von E-Government mit gleichstellungspolitischen Fragen in der bundesdeutschen Regierungs- und Verwaltungsrealität nicht verankert ist. Gender Mainstreaming ist ohne Wirkung. Dies hängt unter anderem damit zusammen, dass mit dieser Strategie Verwaltungsangestellte und technische Fachkräfte Geschlechterpolitik realisieren sollen, „denen weder die Geschlechterdimension ihres Verhaltens bewusst, noch die wissenschaftliche Perspektive der Frauen- und Geschlechterforschung vertraut ist."[21] Auch wenn wir – ähnlich wie zum Beispiel in Bildungsbereichen – auch in E-Government-Prozessen noch auf rhetorische Modernisierung[22] hoffen können, wird die Gleichstellungspolitik weiterhin von engagierten Frauen und wenigen engagierten Männern entwickelt und durchgesetzt werden müssen. Im Folgenden sollen deswegen Handlungsvorschläge entwickelt und an Best-Practice-Beispielen konkretisiert werden, die diesem Ziel gerecht werden.

Gestaltung von E-Government-Portalen aus Genderperspektiven

Wie also kann eine Gestaltungspolitik aussehen, die Chancengleichheit zwischen Frauen und Männern ernst nimmt? Dabei kann es in Zukunft nicht darum gehen, weiter von Demokratisierungsprozessen zu träumen, sondern es müssen konkrete Voraussetzungen für eine verstärkte öffentliche Teilhabe von Bürgern und Bürgerinnen geschaffen werden. Grundlage dafür ist, dass bei der Gestaltung von E-Government-Projekten und den entsprechenden Internetportalen der Kommunen die unterschiedlichen Interessen und Lebenssituationen von Bürgern und eben auch von Bürgerinnen überhaupt wahrgenommen und tatsächlich einbezogen werden.

Ansatzpunkte dafür sehe ich in den zahlreichen Fraueninitiativen, die sich eigenständig im Internet bereits einen Raum geschaffen haben. Sie haben in der Begrifflichkeit von Fraser subalterne Gegenöffentlichkeiten aufgebaut.[23] Und diese Gegenöffentlichkeiten sind oft als Reaktion auf Ausschlussmechanismen in den dominanten Öffentlichkeiten entstanden. So gibt es zum Beispiel inzwischen fünf inhaltlich interessante Frauen-Landesportale in Bremen, Niedersachsen, Nordrhein-Westfalen, Sachsen-Anhalt und Schleswig-Holstein. Diese Strategie, eigene Öffentlichkeiten aufzubauen, entspricht auch den Möglichkeiten des neuen digitalen

Mediums, da sich auch einzelne kleine Fraueninitiativen relativ einfach im Internet präsentieren können. Der Vorteil dieser digitalen Frauennetze ist es, dass Frauen dort eigene Kommunikations- und Interaktionsräume finden, sich in diesen Räumen ohne störende Einflüsse von außen verständigen und gesellschaftspolitische Aktivitäten planen können.

Allerdings bilden diese Frauen-Webseiten im großen Raum des Cyberspace oft nur „Punkte", die kaum auffindbar sind. Sie werden dadurch oft ungewollt zu Enklaven. Dies lässt sich einerseits über Vernetzung bzw. Verlinkung dieser Punkte, durch Bildung von „Nachbarschaften" in Ansätzen aufbrechen. Andererseits ist es aber wichtig, dass sich diese Gegenöffentlichkeiten in zentrale, dominante Öffentlichkeiten wie die kommunalen Internetportale hineinbewegen. So ist eine subalterne Gegenöffentlichkeit auch immer ein „Übungsfeld einer Umgestaltung, die auf eine breitere Öffentlichkeit zielt."[24]

Unter den Bedingungen des Internets möchte ich diese Argumentation zuspitzen und für eine Dialektik von Eigenständigkeit und Integration plädieren. Einerseits ist es auch für Städte und Gemeinden sinnvoll und wichtig, dass sich soziale Bewegungen im Internet eigene Räume schaffen. Welchen Qualitätsbedingungen diese Websites entsprechen sollten, um die Chancen des neuen Mediums zu nutzen, wird gerade in einem Forschungsprojekt der Autorin zum Thema „E-Empowerment – die Nutzung des Internet in frauenpolitischen Netzwerken" umfassend untersucht und an anderer Stelle veröffentlicht.[25] Andererseits gilt es, die Informationen und Diskurse, die in diesen eigenständigen Websites realisiert werden, auch in eine breitere Öffentlichkeit, die zentralen kommunalen Internetportale hineinzutragen. Welches erste Schritte in Richtung Integration unterschiedlichster Interessen aus Frauensichten in die Stadtportale sein können, möchte ich im Folgenden exemplarisch verdeutlichen. Ziel dabei ist es, öffentliche Räume wie die kommunalen Internetportale in einer Art zu gestalten, dass sie nicht zu weiterem Ausschluss von Gruppen, sondern zur Beseitigung sozialer Ungleichheit und Diskriminierung über Demokratisierungsprozesse beitragen. Es lassen sich unter Genderperspektiven folgende Zielsetzungen für die Realisierung von E-Government-Projekten formulieren:

– Lokale Unterstützung des Internet-Zugangs für alle Bürger und Bürgerinnen
– Integration bestehender Fraueninitiativen in das E-Government-Portal
– Realisierung von Informations- und Interaktionsmöglichkeiten zu Alltagsthemen
– Implementierung von zielgruppenspezifischen Suchfunktionalitäten
– Einbeziehung von Bürgern und Bürgerinnen in den Gestaltungsprozess

Lokale Unterstützung des Internet-Zugangs für alle Bürger und Bürgerinnen

Um überhaupt eine Grundlage für Demokratisierungsprozesse zu schaffen, muss die Zugänglichkeit zu öffentlichen Räumen im Internet gewährleistet sein. Dieser allgemeine Zugang ist in Deutschland mit gerade einmal der Hälfte aller Bürger und Bürgerinnen ab 14 Jahren, die das Internet nutzen, sicherlich nicht gegeben. Nach wie vor sind auch deutlich weniger Frauen als Männer im Internet aktiv. So zeigen die neuesten Umfragewerte des (N)Onliner-Atlas, dass zwar 58,8 Prozent aller Männer in Deutschland das Internet nutzen, aber gleichzeitig nur 42,1 Prozent aller Frauen.[26] Damit wächst zurzeit der Onliner-Anteil bei den Männern stärker als bei den Frauen und die Diskrepanz zwischen den Geschlechtern hat – anders als erwartet – in den letzten Jahren nicht abgenommen.[27] Zwar sind bei den unter 20-Jährigen die Nutzungsanteile beinahe ausgeglichen und liegen bei den jungen Frauen und Männern auf einem hohen Niveau von um die 80 Prozent, doch bereits bei den 20- bis 29-Jährigen beginnt sich die Kluft zwischen den Geschlechtern zu öffnen, die mit steigendem Alter zunimmt.

Allerdings sind all diese Zahlen und viele weitere Daten mit sehr viel Vorsicht zu interpretieren. Es fehlen differenzierte Erhebungen zum Nutzungsverhalten, bei denen nicht nur ganz allgemein und unspezifisch die Nutzungszahlen von Frauen und Männern unterschieden werden, sondern die Unterschiede auf die konkreten Lebenssituationen bezogen werden. Ein erster Ansatz in diese Richtung ist mit der Sondererhebung Gender Mainstreaming des (N)Onliner Atlas 2002 erfolgt.[28] Daraus lässt sich ableiten, dass es vor allem die Nicht-Berufstätigen sind, die keinen Zugang zum Internet haben.[29] Darunter fallen sowohl Hausfrauen (sowie die wenigen Hausmänner) als auch Rentner und Renterinnen. In einer Studie des Landesamts für Datenverarbeitung und Statistik Nordrhein-Westfalen wird deutlich, dass im Haushalt von Alleinerziehenden, die bekanntlich auch in ihrer Mehrzahl weiblich sind, durchschnittlich zehn Prozent weniger PC-Besitz und Internetanschluss vorhanden sind als in den vergleichbaren Haushalten mit zwei Elternteilen.[30]

Abb. 1: Informationen zum Cappuccino digitale, dem Freiburger Frauen-Internet-Café

Hier ist ein aktives Handeln sowohl des Bundes und der Länder als auch der kommunalen Ebene gefragt. Es gilt an verschiedenen Orten in den Kommunen öffentliche Zugangsmöglichkeiten zum Internet und ein auf das Klientel zugeschnittenes

Beratungsangebot bereitzustellen. Städte und Gemeinden können sich nicht auf der erfolgreichen Initiative „Frauen ans Netz" ausruhen, die vom Bundesministerium für Bildung und Forschung zusammen mit anderen Aktionspartnern gefördert wird.[31] Sie müssen zielgruppenspezifisch eigene Angebote entwickeln, in denen auch unter Hilfestellung von Fachpersonen erste Schritte im Netz ausprobiert werden können. Dabei gilt es die vorhandenen Zugangs- und Nutzungsstudien ernst zu nehmen und gesonderte Angebote für spezifische Zielgruppen umzusetzen. In Freiburg hat sich ein von Stadt und Land gemeinsam gefördertes Frauen-Internet-Café bewährt, das vom Verein „Freiburger Netzfrauen" und vielen weiteren Ehrenamtlichen organisiert und unterstützt wird (www.freiburger-netzfrauen.de/cappuccino_digitale/index.htm).

Neben verstärkten kommunalen Zugangsmöglichkeiten für Frauen vor Ort ist es auch wichtig, sich mit den Gründen für die zögerliche Nutzung des Internets durch Frauen in bestimmten Lebenssituationen zu beschäftigten. Aus Studien, die nicht nach Geschlecht differenzieren, ist bekannt, dass der primäre Grund für die Nicht-Nutzung das fehlende Interesse ist; dahinter liegen die zu hohen Anschaffungs- und Zugangskosten. Es scheint so, dass die Mehrzahl der „Internetmuffel" das Internet mit seinen Diensten schlicht nicht brauchen. So geben knapp die Hälfte aller Haushalte ohne private Internetnutzung an, das Internet sei für ihren Haushalt nicht nützlich.[32] Es fehlen Angebote, gerade auch im öffentlichen Bereich, die einzelnen Personen qualitativ hochwertige Informationen zur Verfügung stellen bzw. über Transaktionen Zeiteinsparungen und Arbeitserleichterungen ermöglichen. Auf die Ausdehnung des inhaltlichen Angebotes verweisen die nächsten Handlungsvorschläge.

Integration bestehender Fraueninitiativen in das E-Government-Portal

Ein erster Schritt zu einem genderbewussten öffentlichen Internet-Portal ist die Integration all jener Institutionen und Organisationen, die sich mit Frauen- und Gleichstellungspolitik beschäftigen. Die Stadt Pforzheim hat in einer im Auftrag der Initiative D21 durchgeführten E-Town Studie, mit der die E-Government-Angebote der deutschen Großstädte verglichen werden, eine Auszeichnung für den Bereich „spezifische Angebote für Frauen/Fraueninitiativen" erhalten.[33] Auf der Internetseite der Stadt Pforzheim (www.pforzheim.de) wird die Leitstelle für die Gleichstellung der Frau nicht versteckt, sondern im „Internet Rathaus" an markanter Stelle mit ihren inhaltlichen Schwerpunkten sichtbar gemacht.

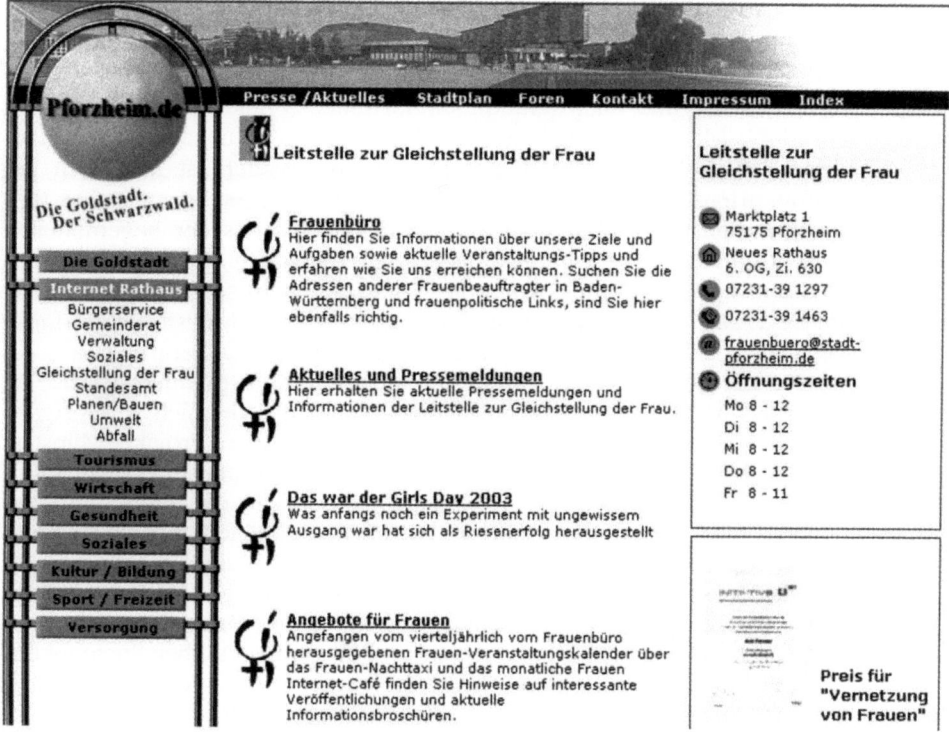

Abb. 2: Das Internet Rathaus in Pforzheim mit den gut sichtbaren Initiativen und
Angeboten der Leitstelle zur Gleichstellung der Frau
(www.pforzheim.de/pls/portal30/url/page/INTERNET_RATHAUS/LEITS
TELLE_GLEICHSTELLUNG_FRAUEN)

Darüber hinaus besteht die Aufgabe, die zahlreichen ehrenamtlichen und halböf-
fentlichen Aktivitäten von Frauen im E-Government-Portal sinnvoll abzubilden.
Denn Fraueninitiativen übernehmen in den Kommunen vielfältige Beratungs- und
Betreuungsarbeiten, schaffen mit ihren Informationen Transparenz und tragen deutlich zur Partizipation von Bürgerinnen und teilweise auch Bürgern bei.

Sicherlich sind auf vielen Websites von Städten und größeren Gemeinden Frauenorganisationen zu finden. Allerdings ist die Qualität ihrer Darstellung sehr unterschiedlich ausgeprägt. Oft wird das interaktive Medium überhaupt nicht genutzt. Die
Fraueninitiativen werden in ganz gewöhnlichen statischen Dokumenten gespeichert
und nicht in Datenbanken, so dass nur eingeschränkte Suchmöglichkeiten bestehen.
Damit besteht kaum ein Mehrwert gegenüber den bereits seit Jahren von den Frauen-
und Gleichstellungsbeauftragten herausgegebenen städtischen Frauenhandbüchern.

Auch ist der Platz, an dem diese Frauenorganisationen zu finden sind, teilweise
sehr kurios gewählt. Im von Media@Komm geförderten Esslingen gehören zum
Beispiel „Frauen in Esslingen" zu den Lebenslagen und stehen in der alphabetischen Aufzählung direkt nach der Lebenslage „Auto". Dies durchbricht das Konzept, wonach Lebenslagen kurzfristig wirksame Situationen sind, unter denen unterschiedliche Anliegen, die diese Lebenslagen normalerweise hervorbringen, gebündelt werden.

Inhaltlich und frauenpolitisch fatal kommt dazu, dass in Esslingen wie ebenfalls häufig in anderen Städten mit dem gesonderten Frauenbereich Fraueninitiativen aus allen anderen Bereichen ausgeklammert werden. So finden sich in Esslingen zum Beispiel Initiativen von und für Migrantinnen nur unter „Frauen", allerdings nicht unter „Ausländer". Mit einem solchen Vorgehen werden Frauenanliegen in eine spezielle Ecke des Portals gestellt, der ganze andere Bereich ist angeblich geschlechtsneutral, offensichtlich aber männlich konnotiert. Das ist ein typisches Beispiel einer begrenzten oder subalternen Öffentlichkeit, die aus der hegemonialen Öffentlichkeit ausgegrenzt wird, damit von der Allgemeinheit kaum wahrgenommen wird und somit geringen Einfluss auf das allgemeine politische Geschehen hat.

Ganz im Gegensatz dazu präsentiert sich die Frauenszene in Münster, die dafür in der oben genannten E-Town-Studie neben Pforzheim und Heidelberg ebenfalls für den Bereich „spezifische Angebote für Frauen/Fraueninitiativen" prämiert wurde.[34] In Münster ist der Verein „Frauen und neue Medien e.V." aktiv, der sich zur Aufgabe gesetzt hat, die Internetpräsenz von Frauen zu verbessern. Mit dem Projekt „Münsters Frauen Online" (www.frauen.muenster.org) werden alle Münsteraner Frauenorganisationen und -gruppen eingeladen, sich im Stadtnetz zu präsentieren. Jede Frauenorganisation, die es wünscht, kann sich mit ihren Zielen, Aktivitäten, Ansprechpartnerinnen usw. darstellen. Sie ist damit in der unten abgebildeten, nach Sachgruppen gegliederten Münsteraner „Frauenlandschaft" präsent. Gleichzeitig – und das ist der entscheidende Fortschritt – sind die Organisationen mit ihren Homepages voll im alphabetischen Register des Stadtnetzes integriert und können etwa über Suchfunktionen, aber auch über einzelne Kategorien gefunden werden. Das ist ein schönes Beispiel für die oben von mir eingeforderte Dialektik von Eigenständigkeit und Integration.

Abb. 3: Frauenportal der Stadt Münster: Strukturierte Darstellung von Fraueninitiativen mit gleichzeitiger Integration in das Stadtportal Münster (www.frauen.muenster.org)

Realisierung von Informations- und Interaktionsmöglichkeiten zu Alltagsthemen

Bei der Gestaltung der politischen Öffentlichkeit muss es darum gehen, Belange von Frauen im Internet gleichberechtigt und umfassend zu repräsentieren. Dabei reicht es nicht aus, nur die Fraueninitiativen abzubilden und dafür zu sorgen, dass sie auffindbar sind. Darüber hinaus müssen in öffentlichen Internetportalen hochwertige Informationen, Kommunikations- und Transaktionsmöglichkeiten für Belange realisiert werden, mit denen viele Frauen tagtäglich konfrontiert sind. Gerade der spezifische Frauenalltag ist häufig im Lokalen verankert. Frauen mit Kindern oder pflegebedürftigen Angehörigen sind auf kommunale Betreuungs- und Beratungsangebote angewiesen. Wenn in diesem Bereich Informationen zielgruppenbezogen über Internetportale angeboten werden und neue Interaktionsformen geschaffen werden, kann dies eine zeitliche Entlastung und eine Arbeitserleichterung für die Betroffenen bedeuten. In diesem Sinne müssen Handlungsfelder, für die gerade Frauen viel Zeit benötigen, durch E-Government-Maßnahmen unterstützt werden. Das bedeutet, dass neben Wirtschaft und Freizeit verstärkt Themen wie Gesundheit, Soziales, Kinderbetreuung, Ehrenamt, Weiterbildung zu berücksichtigen sind. Offensichtlich ist, dass die Integration von Alltagsthemen nicht nur Frauen, sondern allen Personen zugute kommen kann, die in unserer Gesellschaft primär Frauen zugeordnete Tätigkeiten wie die Haus- und Sorgearbeit übernehmen und daraus abgeleitete spezifische Informations- und Unterstützungsbedarfe seitens des Staates haben.

Nach wie vor stehen empirische Untersuchungen aus, die sich mit den konkreten Anforderungen unterschiedlichster Bürgerinnen an ein kommunales Internetangebot beschäftigen, das ihre jeweils individuellen Bedürfnisse und Lebenslagen berücksichtigt. Damit fehlt auch eine abgesicherte Grundlage, um E-Government-Portale abschließend nach ihrer Geschlechtersensitivität evaluieren zu können. Dennoch lässt sich heute bereits eine Reihe von Beispielen benennen, die in die richtige Richtung gehen. Exemplarisch möchte ich einige wenige dieser Best-Practice-Beispiele darstellen, die leider meistens nur in einzelnen Kommunen verwirklicht sind.

Ein wichtiges Thema in E-Government-Portalen muss die hochwertige Darstellung von Kinderkrippen, Kindergärten und Horts sein. In den allermeisten Städten und Gemeinden wird nur eine alphabetische Auflistung aller Kinderbetreuungseinrichtungen mit Adressen und Telefonnummern angeboten. Im günstigen Fall können die Einrichtungen noch nach Stadtteilen sortiert werden und wie in Hamburg zusätzlich auch nach Art des Angebots – Alter der Kinder oder Betreuungszeiten.

Einen deutlichen Schritt weiter geht die Stadt Frankfurt (www.frankfurt.de). Dort ist es neben der Stadtteilsuche, der Suche nach Trägerschaft, Art der Betreuungseinrichtung und Betreuungszeiten ebenfalls möglich, nach offenen Plätzen zu suchen. Auch wenn mit dieser Suchmöglichkeit noch lange nicht die wohnortnahe Kleinkindbetreuung möglichst mit Mittagessen gefunden wird, da es sie schlicht nicht gibt, wird über ein solches Tool der jeweilige Status quo für jede Bürgerin und jeden Bürger bezogen auf die eigenen Wünsche schnell erfassbar. Diese Art von Informationsdarstellung schafft öffentliche Transparenz. In der nächsten Stadtratsdiskussion über die Notwendigkeit des Ausbaus von Kindergartenplätzen können auch Beteiligte, Betroffene und Interessierte informiert mitsprechen. Dort lassen sich die Ansätze für eine Demokratisierung erahnen, die mit dem neuen Medium verbunden sein können.

Bei vielen sozialen Themen, so auch bei der Kinderbetreuung, ist es wichtig, dass nicht nur staatliche Institutionen aufgenommen werden, sondern auch die zahlreichen halbstaatlichen und ehrenamtlichen Initiativen und Organisationen, die gerade im kommunalen Bereich wichtige Dienstleistungsfunktion wahrnehmen und gleichzeitig auch Orte darstellen, an denen sich gesellschaftliches Engagement von Bürgern und Bürgerinnen bildet.

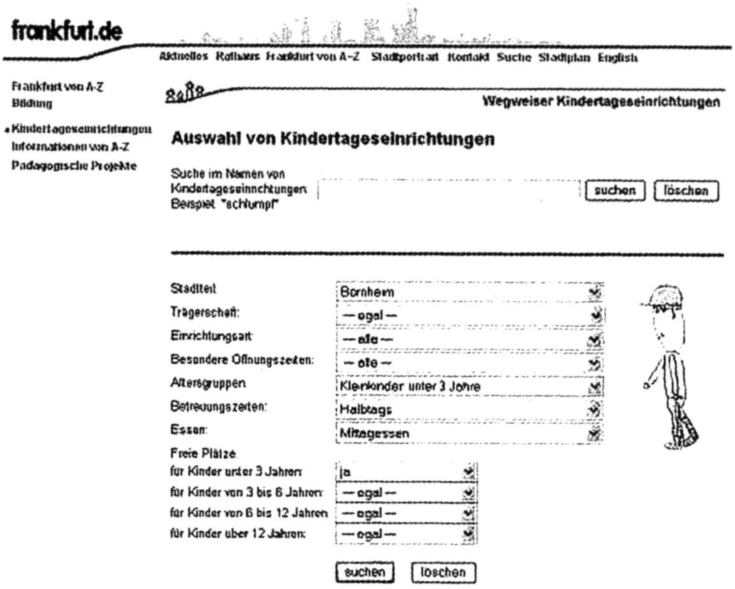

Abb. 4: Kindertageseinrichtungen in Frankfurt mit der Suchmöglichkeit nach offenen Kinderbetreuungsplätzen
(www.frankfurt.de/sis/Rathaus.php)

Zusätzlich zur Integration von Themen, die mit der Frauen zugeordneten unbezahlten Haus- und Sorgearbeit zu tun haben, muss darauf geachtet werden, dass auch weitere bisher oft als privat behandelte Belange und Probleme wie „Gewalt gegen Frauen und Kinder" über kommunale Internetseiten in die Öffentlichkeit gebracht werden. So gilt es bei der Realisierung von Stadtinformationssystemen die Frage zu stellen, an welchem Platz die Nottelefone für Frauen mit Gewalterfahrung in die Website eingestellt werden. Allzu häufig finden sich unter Notlagen an markanter Stelle nur der allgemeine Notruf der Polizei, die Feuerwehr und die ärztlichen Notdienste. In Hannover kann man dagegen gut sehen, wie auf gleicher Ebene zusätzlich das Telefon des Frauenhauses, der Notruf für vergewaltigte Frauen und die Telefonnummer des Vereins zum Schutz misshandelter Frauen und Mädchen aufgeführt werden. Gerade weil das Thema „Gewalt gegen Frauen" lange Zeit tabuisiert war und teilweise noch ist und sehr schnell in den privaten Bereich abgedrängt wird, ist es wichtig, dieses Thema auch über Informationen an markanter Stelle öffentlich zu machen. Dabei darf man nicht bei Notrufnummern stehen bleiben, sondern der nächste Schritt muss sein, Daten und Fakten über das Ausmaß der Gewalt und des Sexismus öffentlich und damit diskutierbar zu machen.

Dass teilweise auch Männer wie in Pforzheim über das Internet angesprochen werden, um gegen Männergewalt aktiv zu werden, ist zu begrüßen. Dass darüber hinaus öffentlich ein „Sozialtraining für gewaltbereite und gewalttätige Männer" angeboten wird, zeigt, dass das Thema in mancher Kommune bereits die breitere Öffentlichkeit erreicht hat und nicht mehr nur das Privatproblem vieler Frauen bleibt. Aus diesen Ansätzen können andere Städte lernen. Darüber hinaus ist es natürlich auch grundsätzlich sinnvoll, Männergruppen im Stadtportal übersichtlich zusammenzustellen, wie dies zum Beispiel in Bremen gut gelöst ist.

Implementierung von zielgruppenspezifischen Suchfunktionalitäten

Anhand der genannten und weiterer Themen hat die Autorin bereits an anderer Stelle das Qualitätskriterium Geschlechtersensitivität für öffentliche Internetportale entwickelt.[35] Die Geschlechtersensitivität von Informationen wird nach diesem Ansatz anhand von zwei Dimensionen überprüft. Es wird erstens wie im vorherigen Abschnitt nach der Existenz und Breite von Informationen gefragt, die für die Arbeits- und Lebensbedingungen von Frauen von besonderem Interesse sind. Zweitens wird untersucht, ob solche frauenrelevanten Angebote im Netz auch gefunden werden bzw. ob vorhandene Informationen eine Differenzierung nach Geschlecht zulassen. Diese Differenzierung lässt sich anschaulich an Ärzte-Datenbanken verdeutlichen. Oft ist es nicht möglich, nach Ärztinnen zu suchen, obwohl nicht wenige Frauen bei ihrer Arztwahl explizit eine Ärztin bevorzugen. Dieses Problem ist – wie der Bremer Ärztenavigator zeigt – technisch einfach zu lösen; die Differenzierung muss jedoch als Anforderung mitgedacht werden.

Wie wichtig genderbewusste Suchstrategien sind, lässt sich auch am Thema Weiterbildung veranschaulichen. Ähnlich wie in Berlin und Hamburg hat auch Bremen eine Weiterbildungsdatenbank (www.bremen.de/weiterbildung), in der es möglich ist, nach Zielgruppen zu suchen. Auffallend in Bremen ist der Tatbestand, dass die Zielgruppe „nur Frauen", damit sind Frauenseminare gemeint, auch weiter einschränkbar ist. So kann zum Beispiel nach Angeboten für „Berufsrückkehrerinnen" gesucht werden. Aber auch die Suche nach „nur Männer" ist möglich. Auch wenn zurzeit kein reines Männerseminar gefunden wird, ist dies dennoch eine wichtige Funktion. Damit wird darauf verwiesen, dass nicht Frauen der Sonderfall sind, sondern ebenso manche Männer für bestimmte Themen ein Männerseminar einem gemischtgeschlechtlichen Seminar vorziehen.

Ebenfalls wichtig, jedoch noch nicht häufig realisiert, ist die Möglichkeit, eine Veranstaltung mit Kinderbetreuung zu suchen. Auch wenn beim Ankreuzen dieses Buttons die Trefferquote oft gegen Null geht, verweist dieser Button doch auf ein nicht zu vernachlässigendes gesellschaftliches Problem: dass die vielen Familienfrauen ebenso wie die wenigen Familienmänner große Schwierigkeiten mit der geforderten Weiterbildung haben, solange eine von der Gemeinschaft getragene und finanzierte Kinderbetreuung nicht umfassend realisiert wird.

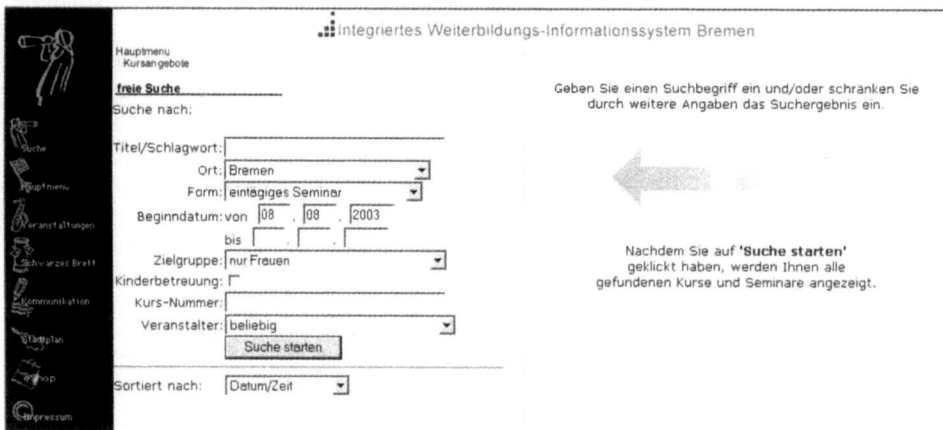

Abb. 5: Weiterbildungs-Informationssystem Bremen mit zielgruppenbezogener Suche (www.bremen.de/weiterbildung → „Kursangebote" → „freie Suche")

Einbeziehung von Bürgern und Bürgerinnen in den Gestaltungsprozess

In den allermeisten Städten und Gemeinden ist die Einbeziehung von Bürgern und Bürgerinnen bei der Entwicklung von E-Government-Projekten noch sehr unterentwickelt. Deswegen ist es jetzt wichtig, bei der Benennung und Umsetzung von E-Government-Zielsetzungen den Prozesscharakter ernst zu nehmen und in jeder Phase die Betroffenen zu integrieren, aus deren Blickwinkel Informations- und Interaktionsangebote erstellt werden sollen. Es erscheint sinnvoll, Betroffene und Interessierte in das E-Government-Projektteam zu integrieren. Sie sollten regelmäßig die E-Government-Prozesse begleiten und möglichst direkt mit den Entwicklern und Entwicklerinnen von Internetportalen in einen Austausch treten. Dieser aktive Einbezug engagierter Bürger und Bürgerinnen erfordert jedoch gleichzeitig, dass politische Entscheidungen nicht mehr alleine von Akteuren und Akteurinnen aus Politik und Verwaltung gefällt werden, sondern aus einer sachorientierten Diskussion von Beteiligten, Betroffenen und Interessierten hervorgehen.

Auch regelmäßige allgemeine Bürgerbefragungen sind bislang nicht üblich; müssten jedoch selbstverständlich werden. Erste eigene Untersuchungen mit aufgezeichnetem Benutzungsverhalten zeigen, mit welch unterschiedlichen Intentionen auf einzelnen Websites gesurft wird und wie unterschiedlich die Such- und Navigationsstrategien von Nutzern und Nutzerinnen sind. Mit dem Feed-back möglichst unterschiedlicher Nutzungsgruppen können E-Government-Angebote optimiert werden. Eine regelmäßige Evaluation der bestehenden elektronischen Angebote würde direkt ihrer Qualität zugute kommen.

Auch im technischen Systementwurf lassen sich noch neue Lösungen finden, die zur Partizipation anregen. So sollte es zum Beispiel im kommunalen Internetportal für Bürger und Bürgerinnen möglich sein, zu den jeweiligen kommunalen Angeboten auch Mitteilungen oder Kommentare zu verfassen, die einen subjekti-

ven Eindruck zum Beispiel zur Dienstleistungsqualität einer Organisation aus-
drücken und für andere Nutzer und Nutzerinnen interessant sein können. Kommentare oder Mitteilungen können – müssen aber nicht – Kristallisationspunkt
sozialer Interaktion sein.[36] Auch lassen sich daraus kontextgebundene Foren entwickeln. Erfahrungen zeigen, dass gerade über die im Alltag geführten Gespräche,
zum Beispiel über die Betreuung in einer Krabbel- oder Hortgruppe, zugleich
immer auch allgemeine gesellschaftliche Fragen wie die nach einer zeitgemäßen
Betreuung und Ausbildung der Kinder angesprochen und diskutierbar werden.[37]
Konkrete individuelle Meinungsäußerungen können auf diese Art grundsätzliche
Diskurse evozieren, in denen Gesellschaftsvorstellungen und Identitäten entwor-
fen werden.

Themenbezogene Diskussionsforen sollten allerdings sowohl online als auch
offline angeboten und von erfahrenen Moderatoren und Moderatorinnen genderbe-
wusst geleitet werden, damit sich auch Bürger und Bürgerinnen, die das Internet
nicht nutzen, einbringen können. Auch gilt es sicherzustellen, dass die Ergebnisse
von den politisch Verantwortlichen zur Kenntnis genommen werden. Darüber hinaus sind Zukunftswerkstätten und Open-Space-Veranstaltungen denkbar, um auch
zukunftsweisenden Phantasien einen Raum zu geben.

Fazit

Es besteht ein erheblicher Gestaltungsbedarf, wenn die neuen Öffentlichkeiten im
Netz nicht wieder nur als die alten hegemonialen Öffentlichkeiten reproduziert
werden, sondern den Grundwerten der demokratischen Ordnung entsprechen sollen. Aufgabe ist es also, durch vielfältige Online-Angebote die Verwaltungsstruktu-
ren nicht nur effektiver, sondern auch transparenter zu gestalten. Nur wenn attraktive und vielfältige Informationen, die für das alltägliche Leben von Belang sind, zur
Verfügung stehen, eröffnen sich daraus für Bürger und Bürgerinnen tatsächliche
neue Partizipationsmöglichkeiten und Chancen für eine diskursive Demokratie. Eine solche Vitalisierung des öffentlichen Raums im Internet kann auch ein wichtiger
Schritt auf dem Weg zur Geschlechterdemokratie, also zur Herstellung demokratischer Verhältnisse zwischen Frauen und Männern sein.

Dafür müssen verschiedene Gruppen von Bürgern und Bürgerinnen in den
Blick genommen und die Angebote deutlich auf unterschiedliche Zielgruppen mit
ihren vielfältigen Interessen zugeschnitten werden. Damit in diesem Prozess auch
Ungleichheiten zwischen den Geschlechtern aufgebrochen werden, müssen die Ge-
schlechterverhältnisse von Grund auf mitgedacht und Gleichstellung als Ziel möglichst bereits im Systementwurf aufgenommen werden.

Bis dies geschieht, ist es allerdings noch ein weiter Weg. Zunächst werden wir
in nächster Zeit damit rechnen müssen, dass Gender Mainstreaming zwar benannt,
aber nur als Worthülse mitgeführt wird, ohne dass daraus inhaltliche Konsequenzen
gezogen werden. Um diese zu erwartenden Lippenbekenntnisse positiv zu wenden,
bietet es sich an, konkrete Gender-Prüfsteine zu entwickeln, mit denen sich die
Verantwortlichen konkret auseinander setzen müssen. Zur Umsetzung der sich daraus ergebenden genderrelevanten Ziele müssen die entsprechenden finanziellen
Ressourcen bereitgestellt werden, zum Beispiel in Form eines gesondert ausgewie-

senen Budgets in der Größenordnung von 5-10 Prozent des Gesamtbudgets. Gerade bei öffentlich geförderten Projekten besteht die Chance, dies über politischen Druck auch durchzusetzen.

Ein großer Vorteil des neuen Mediums schlägt bei der zukünftigen Weiterentwicklung der öffentlichen Internetportalen positiv zu Buche: Die E-Government-Portale sind einsehbar. Interessierte Bürger und Bürgerinnen können nachvollziehen und bewerten, wie weit gehend Kommunen gendersensitiv handeln. Durch die kritische Begleitung von Bürgern und Bürgerinnen kann es gelingen, die Qualität der E-Government-Angebote zu verbessern. Wenn über neue zielgruppenspezifische Angebote unterschiedlichste Gruppen angesprochen werden, kann sich mit der Zeit ein Interesse von Bürgern und Bürgerinnen entwickeln, sich mit ihren Vorschlägen und Ideen auch über das Internet an einer demokratischen Gestaltung gesellschaftlicher Prozesse zu beteiligen. Erst wenn dies erreicht ist, werden öffentliche Räume in kommunalen E-Government-Portalen einen relevanten Beitrag zur Demokratisierung der Gesellschaft allgemein und zur Geschlechterdemokratie im Besonderen leisten.

Anmerkungen

1   Vgl. Klaus Plake/Daniel Jansen/Birgit Schuhmacher: Öffentlichkeit und Gegenöffentlichkeit im Internet. Politische Potenziale der Medienentwicklung. Opladen: Westdeutscher Verlag 2001.

2   Vgl. Jörn von Lucke: Electronic Government. Regieren und Verwalten im Informationszeitalter. Forschungsbericht, 2002, abrufbar unter http://foev.dhv-speyer.de/ruvii/bericht.htm.

3   Vgl. Hermann Hill: Electronic Government. Strategie zur Modernisierung von Staat und Verwaltung, in: Aus Politik und Zeitgeschichte, B 39-40/2002, abrufbar unter http://www. bpb.de/publikationen/96DF1L,0,0,Electronic_Government.html.

4   Vgl. u.a. Klaus Kamps (Hg.): Elekronische Demokratie? Perspektiven politischer Partizipation. Opladen: Westdeutscher Verlag 1999 oder Claus Leggewie/Christa Maar (Hg.): Internet und Politik. Von der Zuschauer- zur Beteiligungsdemokratie. Köln: Bollmann 1998.

5   Eine Studie der Bertelsmann Stiftung fordert ein „Balanced E-Government" ein, das sich ausgewogen aus den beiden Säulen E-Administration und E-Democracy zusammensetzt. Vgl. Bertelsmann-Stiftung (Hg.): Balanced E-Government. Elektronisches Regieren zwischen administrativer Effizienz und bürgernaher Demokratie. Gütersloh 2002, abrufbar unter http://www.begix.de.

6   Vgl. u.a. Initiative D21 (Hg.): E-Town 2002. Deutschlands digitale Hauptstädte. Berlin 2002, S.19, abrufbar unter http://www.initiatived21.de/druck/news/publikationen2002/doc/25_1053502717.pdf.

7   TNS Emnid/Initiative D21 (Hg.): (N)Onliner Atlas 2002. Eine Topographie des digitalen Grabens durch Deutschland. Juni 2002, S.59, abrufbar unter http://www.nonliner-atlas.de.

8   Vgl. Bernhard Bubeck: Politische Partizipation via Internet – Angebote baden-württembergischer Städte, in: TA-Informationen 1/2003, S. 30-33.

9   Vgl. Max von Bismarck/Daniel Dettling/Tino Schuppan: E-Governance in der Wissensgesellschaft, in: Alexander Siedschlag/Alexander Bilgeri (Hg.): Kursbuch Internet und Politik. Band 2/2002. Opladen: Leske + Budrich 2003, S. 23-37.

10 Jürgen Habermas: Strukturwandel der Öffentlichkeit. Frankfurt/M.: Suhrkamp 1990; kritisch dazu Alexander Roesler: Bequeme Einmischung. Internet und Öffentlichkeit, in: Stefan Münker/ders. (Hg.): Mythos Internet. Frankfurt/M.: Suhrkamp 1997, S. 171-192.

11 Vgl. u.a. Oskar Negt/Alexander Kluge: Öffentlichkeit und Erfahrung. Zur Organisationsanalyse von bürgerlicher und proletarischer Öffentlichkeit. 5. Aufl. Frankfurt/M.: Suhrkamp 1977.

12 Nancy Fraser: Der Kampf um die Bedürfnisse: Entwurf für eine sozialistisch-feministische kritische Theorie der politischen Kultur im Spätkapitalismus, in: Nancy Fraser (Hg.): Widerspenstige Praktiken. Macht, Diskurs, Geschlecht. Frankfurt/M.: Suhrkamp 1994, S. 249-291.

13 Gabriele Winker/Gabriele Preiß: Unterstützung des Frauen-Alltags per Mausklick? Zum Potenzial elektronischer Stadtinformationssysteme, in: Zeitschrift für Frauenforschung und Geschlechterstudien, Heft 1+2/2000, S. 49-80, abrufbar unter http://www.tu-harburg.de/agentec/winker.

14 Rechtlich verbindlich ist diese europäisches Strategie seit der Ratifizierung des Amsterdamer Vertrags im Jahre 1999.

15 Bundesamt für Sicherheit in der Informationstechnik (BSI): E-Government-Handbuch, Bonn 2002, abrufbar unter http://www.e-government-handbuch.de.

16 Willi Kaczorowski u.a.: eGovernment in den Bundesländern – Sachstand und Perspektiven. Hg. von der Friedrich-Ebert-Stiftung. Bonn 2003, abrufbar unter http://www.fes.de.

17 Helmut Drüke: E-Government in Deutschland – Profile des virtuellen Rathauses. Arbeitspapiere aus der Begleitforschung zum Städtewettbewerb Multimedia Media@Komm 8/2003, abrufbar unter http://www.mediakomm.net/documents/arbeitspapier.8.2003.pdf.

18 Eberhard Heuel/Lars Terbeck: Kommunales E-Government in der Praxis – Das Virtuelle Rathaus der Stadt Hagen, in: Alexander Siedschlag/Alexander Bilgeri (Hg.): Kursbuch Internet und Politik. Band 2/2002. Opladen: Leske + Budrich 2003, S. 39-57.

19 In der in Anm.17 genannten Expertise, die von der Begleitforschung von Media@Komm angefertigt wurde, wird zwar akribisch genau aufgezeigt, wie viele Arbeitsplätze in Voll- und Teilzeit im Rahmen von E-Government in den entsprechenden Stadtverwaltungen geschaffen worden sind; diese Untersuchung stellt aber keinerlei geschlechtsspezifische Aufschlüsselung bereit.

20 Vgl. Gabriele Winker: Büro – Computer – Geschlechterhierarchie. Opladen: Leske + Budrich 1995, S. 111ff.

21 Sigrid Metz-Göckel u.a.: Auf die Probe gestellt: Gender Mainstreaming bei der Einführung digitaler Medien in der Hochschullehre, in: Zeitschrift für Frauenforschung und Geschlechterstudien, 4/2002, S. 28.

22 Angelika Wetterer: Strategien rhetorischer Modernisierung. Gender Mainstreaming, Managing Diversity und die Professionalisierung der Gender-Expertinnen, in: Zeitschrift für Frauenforschung und Geschlechterstudien 3/2002, S. 129-148.

23 Nancy Fraser: Öffentlichkeit neu denken. Ein Beitrag zur Kritik real existierender Demokratie, in: Elvira Scheich (Hg.): Vermittelte Weiblichkeit. Feministische Wissenschaft- und Gesellschaftstheorie. Hamburg: Hamburger Edition 1996, S. 151-182.

24 Ebd., S. 164f.

25 Vgl. http://www.frauenbewegung-online.de.

26 TNS Emnid/Initiative D21 (Hg.): (N)Onliner Atlas 2003. Eine Topographie des digitalen Grabens durch Deutschland. Juni 2003.

27 Vgl. auch die Untersuchung von w3b (http://www.w3b.de), die 2002 zum ersten Mal ein Abfallen des Frauenanteils im Internet gegenüber dem Vorjahr ausweist.

28 Frauen geben Technik neue Impulse e.V./TNS Emnid/Initiative D21 (Hg.): (N)Onliner Atlas 2002. Gender-Mainstreaming-Sonderauswertung. Internetnutzung von Frauen und Männern in Deutschland.

29 Allerdings verweisen weitere Ergebnisse darauf, dass Frauen auch im Beruf deutlicher seltener das Internet nutzen als Männer. Ca. 30 Prozent der Frauen, aber nur 21 Prozent der Männer, die grundsätzlich online sind, benutzen beruflich das Internet gar nicht, vgl. Fittkau & Maaß: WWW-Benutzer-Analyse: Frauen im Internet. Hamburg 2001, S. 84.

30 Vgl. http://www.lds.nrw.de/aktuelles/pressemitteilungen/2003/pres_027_03.html.

31 Vgl. http://www.frauen-ans-netz.de.

32 Statistisches Bundesamt (Hg.): Informationstechnologie in Haushalten. Ergebnisse einer Pilotstudie für das Jahr 2002, Wiesbaden 2003, S. 14, abrufbar unter http://www.destatis.de/presse/deutsch/pk/2003/iuk_privat.pdf.

33 Initiative D21 (Hg.): E-Town 2002. Deutschlands digitale Hauptstädte, Berlin 2002, S. 31f., abrufbar unter http://www.initiative21.de.

34 Ebd., S. 30f.

35 Siehe Anm. 13.

36 Vgl. Wolfgang Taube: Qualitativ hochwertige Stadtinformationssysteme. Zur Strukturierung des Informationsraumes. Aachen: Shaker 1998, S. 86f.
37 Vgl. Elisabeth Klaus: Das Öffentliche im Privaten – Das Private im Öffentlichen. Ein kommunikationstheoretischer Ansatz, in: Friederike Herrmann/Margret Lünenborg (Hg.): Tabubruch als Programm. Privates und Intimes in den Medien. Opladen: Leske + Budrich 2001, S. 15-35.

Alexander Bilgeri/David Rose/Dirk Zander

Mehr als virtuelle Visitenkarten politikerscreen.de testet die Homepages der ausländischen Botschaften in Deutschland

Internet als Schaufenster der Diplomatie

Sie sind die Türöffner für ihr Heimatland: Die ausländischen Botschaften regen Dialoge an, vermitteln Informationen und Kontakte zwischen den Staaten, fördern den kulturellen Austausch und pflegen die gegenseitigen Politik- und Wirtschaftsbeziehungen. Das Internet stellt dabei inzwischen ein wichtiges Hilfsmittel für die Arbeit der diplomatischen Vertretungen dar. Dies zeigt der erste umfassende Vergleichstest der Webseiten ausländischer Botschaften in Deutschland, den der Informationsdienst für Politik, politikerscreen.de, durchgeführt hat. Insgesamt 92 der 161 Botschaften in Berlin und Bonn (57,1 Prozent) betreiben inzwischen eine eigene Homepage im World Wide Web. Eine Reihe von ihnen wurde erst vor kurzer Zeit konzipiert und freigeschaltet, manche befinden sich noch im Aufbau. Es lässt sich also ein deutlicher Trend feststellen, das Internet verstärkt als Instrument der Aufgaben und Ziele der Botschaft zu nutzen und die Webseite zu einer Informationsplattform für das Heimatland auszubauen.

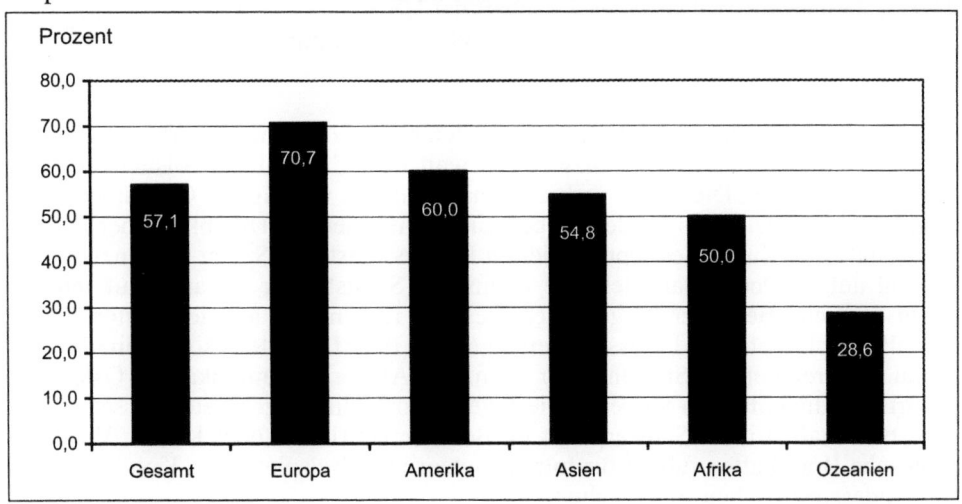

Abb. 1: Anteil der Botschaften in Deutschland mit Webseiten (nach Kontinenten)

Sieger im politikerscreen.de-Webtest wurde die Seite der Botschaft der USA. Die Vereinigten Staaten setzten sich aufgrund ihrer hohen Aktualität gegenüber der in-

haltlich ebenfalls umfassenden Seite Kanadas knapp durch. Mit nur minimaler Verzögerung sind selbst wichtige Reden des Präsidenten und des Außenministers in
deutscher Sprache abrufbar. Die russische Botschaft belegte mit einem gleichermaßen vorbildlichen Onlineangebot gemeinsam mit Kanada den zweiten Platz. Als bes-
tes asiatisches Land überraschte Usbekistan (Platz 4), Peru führt mit Platz 12 die
Liste südamerikanischer Staaten an, Angola (Platz 14) erhielt die besten Noten der
afrikanischen Länder.

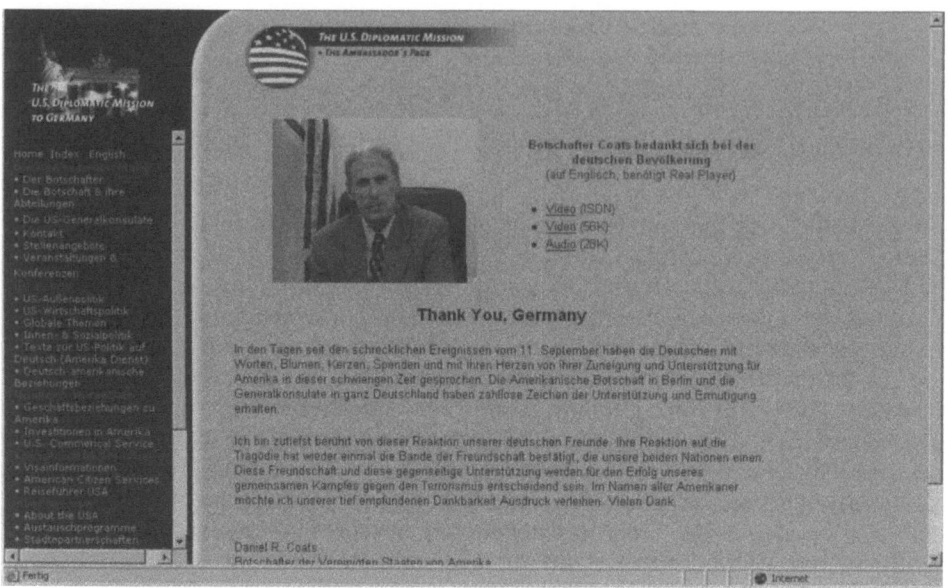

Abb. 2: Testsieger: Webseite der Botschaft der USA
           (http://www.usembassy.de/ambassador/dindex.htm)

Bei den 29 mit „sehr gut" oder „gut" benoteten Seiten der Botschaften zeigt sich,
dass das Informationsangebot inzwischen weit über die einfache Visitenkarte des
Landes hinausgeht. Die Seiten verbreiten nicht nur die wichtigsten Grundregeln des
Konsularischen Dienstes sondern geben einen umfassenden Überblick über Politik,
Wirtschaft und Kultur des repräsentierten Landes. Fast alle Seiten sind inzwischen
sowohl auf in Deutschland lebende heimische Staatsbürger als auch auf interessierte deutsche Besucher ausgerichtet. Deshalb finden sich auf den besten Seiten
aktuelle Nachrichten und Pressemitteilungen aus dem Land, teils sogar eine Presse-
schau. Während einige Staaten – vor allem aus Afrika, Südamerika und Osteuropa
– wirtschaftliche Fragen wie etwa die Investitionsbedingungen betonen, setzen andere Botschaften ihren Schwerpunkt im Bereich Tourismus oder Kultur. Viele eu-
ropäische Botschaften führen für Internetnutzer zum Beispiel einen Kulturkalender
mit landesspezifischen Veranstaltungen.

  Schlechte Homepages bieten dagegen nicht mehr als eine Visitenkarte der Botschaft. Nutzer werden hier mit der Adresse, Telefonnummer und den Öffnungszeiten der diplomatischen Vertretung abgespeist.

Kooperationen schließen, Synergien nutzen

Die Dominanz der politischen Großmächte bei den Testsiegern täuscht teilweise über das wahre Kräfteverhältnis im Internet hinweg. In den Top Ten finden sich auch die Homepages kleinerer Staaten wie Usbekistan, den Niederlanden, Neuseeland oder Finnland. Unter den reichen EU-Staaten schnitten Irland und Österreich mit einer Gesamtnote von 3,5 bzw. 3,2 besonders schlecht ab. Aufwändige Webseiten leisten sich zwar in erster Linie die Botschaften reicher Länder, doch im deutschen Vergleichstest gibt es Beispiele, das Internet kostengünstig zu nutzen. Einige Vertretungen greifen etwa auf die Internetseiten ihres Außenministeriums zurück, um das eigene Angebot zu erweitern. Die dortigen Seiten werden technisch in die Homepage der Botschaft integriert. So kann die Informationsvielfalt trotz knapper Ressourcen gesteigert werden. Andere Botschaften haben gemeinsam Mittel und Wege gefunden, um die Vorherrschaft reicher Industriestaaten im Internet aufzuweichen. Um fehlende finanzielle Möglichkeiten auszugleichen, kooperierten gut ein Dutzend Staaten des südlichen Afrikas beim Aufbau ihrer Homepages. Die Botschaften entwickelten ein gemeinsames Layout-System und bündelten ihr Know-how im Bereich Internet. Unter einem gemeinsamen Dach der „Nordischen Botschaft" sind auch die Webseiten der skandinavischen Staaten miteinander verlinkt.

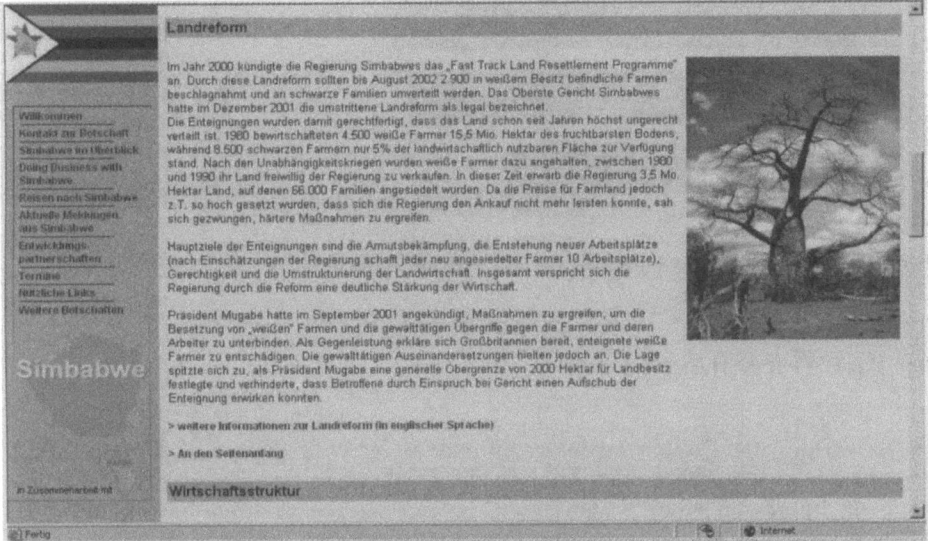

Abb. 3: Gemeinsame Design-Plattform: Botschaftsseite von Simbabwe (http://www.simbabwe-botschaft.de/preview – Unterseite „Simbabwe im Überblick")

Differenziert man die Präsenz der Botschaften in Deutschland im Internet nach Kontinenten, so zeigt sich – schon wegen der geographischen Nähe – ein deutlicher Vorsprung für Europa. 29 der 41 europäischen Botschaften in Deutschland (70,7 Prozent) unterhalten eine Homepage im Internet. Mit Abstand folgen Amerika (60,0 Prozent), Asien (54,8 Prozent) und Afrika (50,0 Prozent). Ozeanien bildet das Schlusslicht mit 28,6 Prozent. Die reine Präsenz sagt jedoch noch nichts über die Qualität des Inhaltes aus. Bei einem Vergleich der Durchschnittsnoten der Testseiten nach Kontinenten schneidet Ozeanien (Schulnote 2,25) besonders gut ab und verdrängt Europa (2,47) von Platz 1. Hinter Asien (3,06) und Amerika (3,15) weist Afrika (3,74) das schlechteste Ergebnis auf.

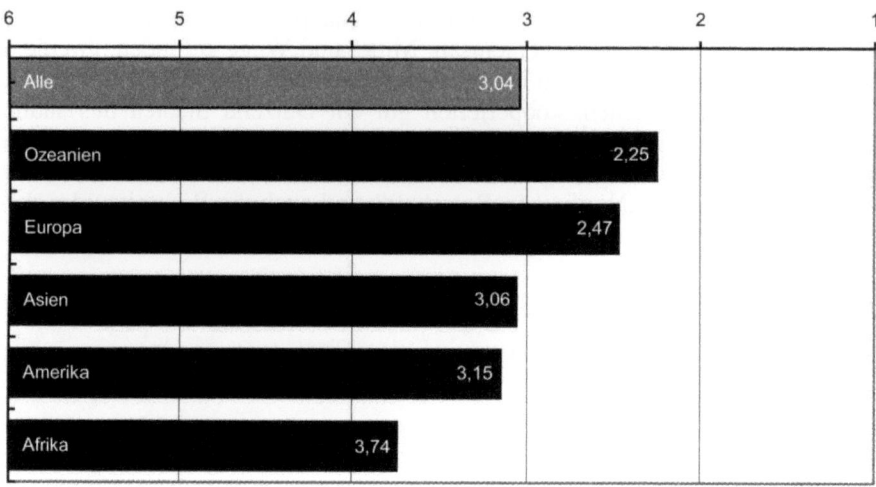

Abb. 4: Durchschnitt der Gesamtnoten der Botschaftsseiten (nach Kontinenten)

Der Kriterienkatalog

Die Bewertung der Seiten basierte auf einem zuvor erstellten Kriterienkatalog. Ausgangspunkt war dabei eine Analyse der Funktionen von Botschaften. Sie vertreten die Interessen eines Staates im Gastland, sorgen für den Informationsaustausch, pflegen die Beziehungen und fungieren zudem als Anlaufstelle für die eigenen Bürger im Gastland. Das Auswärtige Amt in Berlin bezeichnet die eigenen diplomatischen Vertretungen als „Augen, Ohren und Stimme" Deutschlands im Ausland. Umgekehrt gilt das auch für die ausländischen Botschaften in der Bundesrepublik. Von deren vielfältigen Aufgaben spielt indes nur ein Teil eine Rolle für die Webseiten, die sich in erster Linie der Öffentlichkeitsarbeit und dem Bereich Dienstleistung zuordnen lassen. Bei einem solchen Online-Auftritt kann es beispielsweise nicht das Ziel sein, Einschätzungen der Situation im Gastland zu veröffentlichen, die aber natürlich bei der Unterstützung der Außenpolitik der eigenen Regierung einen wichtigen Aufgabenbereich bilden. Viele andere Funktionen kann die Webseite einer Botschaft sehr gut erfüllen. Dazu zählen insbesondere der konsularische Service sowie allgemeine Informationen über das eigene Land und dessen Außenpolitik – vor allem gegenüber Deutschland. Nahezu alle Staaten der Welt haben Interesse an ausländischen Investoren und an Touristen. Für diese beiden Gruppen können und sollten die Internetauftritte einer Botschaft spezielle Angebote bereithalten. Hinzu kommt die Unterstützung des kulturellen Austausches.

Im Detail gliedern sich die daraus folgenden Anforderungen des verwendeten Kriterienkatalogs in die Bereiche Landeskunde, aktuelle Politik, konsularischer Service, Wirtschaft/Tourismus/Kultur, Botschaft, Service und Links. Zur Landeskunde gehören zumindest Angaben zur geografischen Lage, zur Geschichte und zum politischen System. Wünschenswert sind Fotos, Landkarten, Feiertage und ein Kurzporträt des Staatschefs. Die aktuelle Politik sollte Pressemitteilungen, Standpunkte, Dokumente und Erläuterungen zu den bilateralen Beziehungen umfassen. Der konsularische Service erstreckt sich idealerweise auf Einreise- und Aufenthaltsbestimmungen, gesundheitliche Hinweise und Angebote für eigene Bürger im Gastland. Im Bereich Wirtschaft/Tourismus/Kultur sind Angaben zu den Investitionsbedingungen (etwa Gesetze), zu Fördermöglichkeiten, aber auch zu touristischen Reisen und kulturellen Veranstaltungen im Gastland empfehlenswert. Die Botschaft selbst sollte über Öffnungszeiten, Termine, den Botschafter und ihre Abteilungen informieren. Die Anforderungen im Servicebereich beinhalten ein zweisprachiges Angebot, eine Suchfunktion, Downloadmöglichkeiten für Formulare, ein Archiv, FAQs und Adressen in Deutschland. Eine Liste verschiedener unentbehrlicher Links komplettiert den Kriterienkatalog.

Die Gesamtnoten der getesteten Webseiten ergaben sich aus vier Einzelnoten in den Kategorien Informationsvielfalt, Aktualität, Gestaltung/Navigation und praktischer Nutzwert. Einen Anteil von 40 Prozent an der Gesamtnote hatte dabei die Informationsvielfalt, die drei anderen Kategorien flossen zu jeweils 20 Prozent ein. Die Note für die Informationsvielfalt orientiert sich an dem Soll-Angebot gemäß dem oben dargestellten Kriterienkatalog. Bezogen auf die Aktualitätsnote liegen die Anforderungen bei Botschaften niedriger als bei anderen politischen Webseiten, weil sie weitaus seltener als primäre Informationsquelle zum aktuellen Geschehen genutzt werden als etwa Parteiseiten. Trotzdem sollten Terminübersichten die kommenden Tage betreffen, Sicherheitshinweise schnell an die aktuelle Lage angepasst werden und Adressen sowie Personalien auf dem neuesten Stand sein. Bei einigen Seiten im Test kam es vor, dass selbst Monate nach einem Machtwechsel die Botschaften noch den alten Regierungschef als amtierenden ausgaben – etwa im Fall der Türkei. Eine gute Aktualitätsnote bedeutet aber auch, überhaupt regelmäßig neue Informationen wie Pressemitteilungen mit geringer Verzögerung ins Netz zu stellen. Wer nur eine statische Webseite betreibt und ganz auf pflegeintensive Rubriken mit neuen Informationen verzichtet, musste mit massiven Abzügen in diesem Punkt rechnen.

Bei dieser Einzelnote zeigten sich denn auch besonders deutlich Stärken und Schwächen. Die Unterschiede zwischen einzelnen Staaten und auch zwischen den verschiedenen Kontinenten waren weitaus größer als in den anderen Kategorien. Ozeanien (im Durchschnitt 2,00) und Europa (2,38) zeichneten sich mit guten Resultaten aus. Afrika (4,04) verlor in dieser Kategorie besonders stark. Berücksichtigt man, dass die schlechte Pflege von Webseiten eines der häufigsten Probleme im Internet ist – weil die notwendigen Aktualisierungen Personal und Geld erfordern –

überrascht es nicht, dass das reiche Europa hier besonders gut, das wesentlich ärmere Afrika besonders schlecht abschneidet.

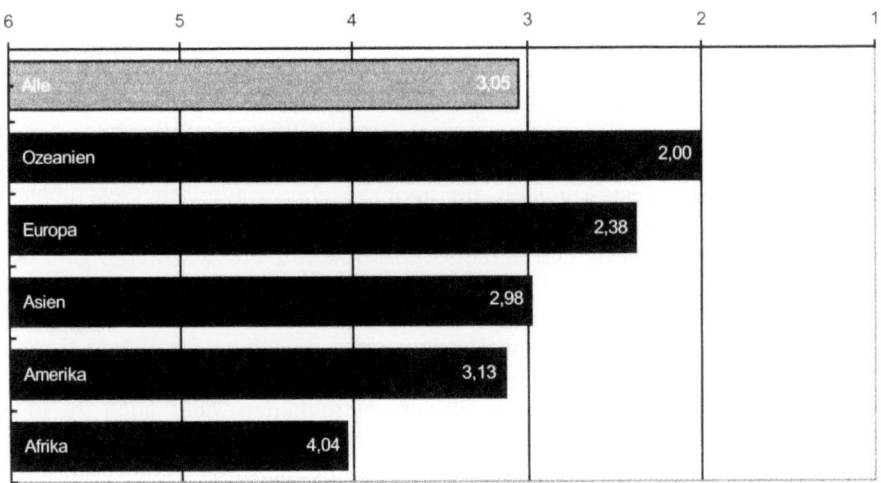

Abb. 5: Durchschnittsnote Aktualität der Botschaftsseiten (nach Kontinenten)

Im Gegensatz dazu sind bei der Teilnote Gestaltung/Navigation die Unterschiede am kleinsten. Für das Internet haben sich trotz eines gewissen subjektiven Faktors bei der Bewertung des Designs einige Regeln durchgesetzt, denen zufolge eine Webseite gestaltet werden sollte. Im Sinne der Übersichtlichkeit und Lesefreundlichkeit sollten die Textspalten maximal die halbe Bildschirmbreite ausfüllen. Zwischen Absätzen sind Leerzeilen zu setzen. Zwischenüberschriften sowie hervorgehobene Links oder Schlagwörter tragen ebenso wie Fotos zu einem guten optischen Eindruck bei. Als wichtig erweist es sich dabei, vor allem bei Schriftart und Schriftgröße auf ein einheitliches Design zu setzen. Für die einfache Navigation unentbehrlich ist ein stets verfügbares Hauptmenü, das einen schnellen Wechsel zwischen Teilbereichen erlaubt. Deutliche Abzüge erfolgen daher in jenen Fällen, in denen der Nutzer nur über Zurück-Befehle wieder zu einem Menü oder anderen Bereichen gelangt. Die Kontinente liegen bei den Durchschnittsnoten in dieser Kategorie weitaus enger zusammen als sonst. Ozeanien (2,25) und Europa (2,47) führen zwar auch hier. Afrika (3,26) hat aber nur einen geringen Rückstand und liegt mit Amerika (3,23) praktisch gleichauf. Insgesamt verzeichneten die Botschaften hier generell die besten Einzelnoten.

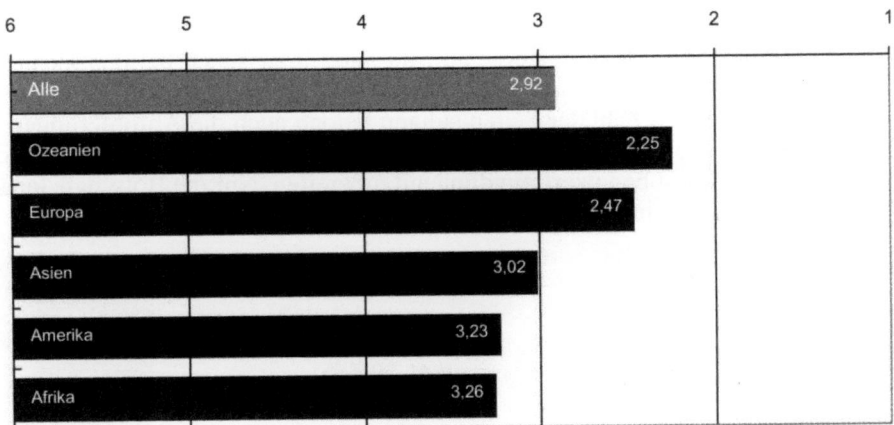

Abb. 6: Durchschnittsnote Gestaltung/Navigation der Botschaftsseiten
(nach Kontinenten)

Als vierte Einzelnote spielt der praktische Nutzwert eine Rolle. Dabei geht es um Serviceangebote und darum, ob der Nutzer die gewünschten Informationen findet – wenngleich unter Umständen nur über Links. Da sich die Webseite einer diplomatischen Vertretung an die Bevölkerung des Gastlandes, aber auch an die eigenen Bürger richtet, ist ein zweisprachiges Angebot hierbei unentbehrlich. Eine Reihe von Staaten stellte aber nur Informationen in deutscher oder englischer Sprache, vereinzelt auch nur in der Heimatsprache bereit. In all diesen Fällen gab es deutliche Abzüge. Als Bewertungsmaßstab dieser Kategorie wurden zudem Suchfunktionen, Downloadmöglichkeiten, Kontaktadressen und Terminlisten mit Veranstaltungen der Botschaft oder mit Künstlern des Heimatlandes herangezogen. Positiv wirkte sich etwa eine Liste mit häufig gestellten Fragen und den entsprechenden Antworten aus. In dieser Kategorie gelang es den amerikanischen Botschaften (Durchschnittsnote 3,27) zum einzigen Mal, sich vor die asiatischen (3,28) auf Rang drei der Kontinente zu schieben.

Zusammenfassung

Insgesamt lässt sich ein positives Fazit des Webtestes der ausländischen Botschaften ziehen. Die Untersuchung zeigt eine breite Spitze guter und sehr guter Homepages, die den Nutzern ein umfassendes Angebot bieten. Ein Vergleich der Inhalte zeigt, dass vor allem neuere Seiten eine Vorbildfunktion übernehmen. Es ist erkennbar, dass diese die weiterentwickelten Möglichkeiten zur mediengerechten Präsentation der Informationen im Internet konsequent ausschöpfen. Nutzer finden zunehmend multimediale Inhalte wie Audio- und Videostreams. Besonders attraktiv sind zum Beispiel virtuelle Rundgänge durch das Botschaftsgebäude. Auch das Download-Angebot an Broschüren, Formularen und Informations-Dossiers wächst. Damit reagieren die Botschaften zugleich auf die Wünsche und Erwartungen der

Bevölkerung. Ihr Anspruch an das Internet als Informationsquelle ist gestiegen, die Nutzer sind zudem vertrauter im Umgang mit dem neuen Medium. Hausgemachte, teilweise amateurhaft gestaltete Internetauftritte sind inzwischen bei den ausländischen Botschaften in Deutschland zur Ausnahme geworden.

Mit der wachsenden Zahl der Seiten steigen jedoch auch die Anforderungen an eine intelligente Benutzerführung. Manchen Botschaften fällt es noch schwer, die vielen Inhalte möglichst benutzerfreundlich aufzubereiten. Nur die Botschaft Japans erhielt für ihren Auftritt in der Rubrik Gestaltung/Navigation die Bestnote 1,0.

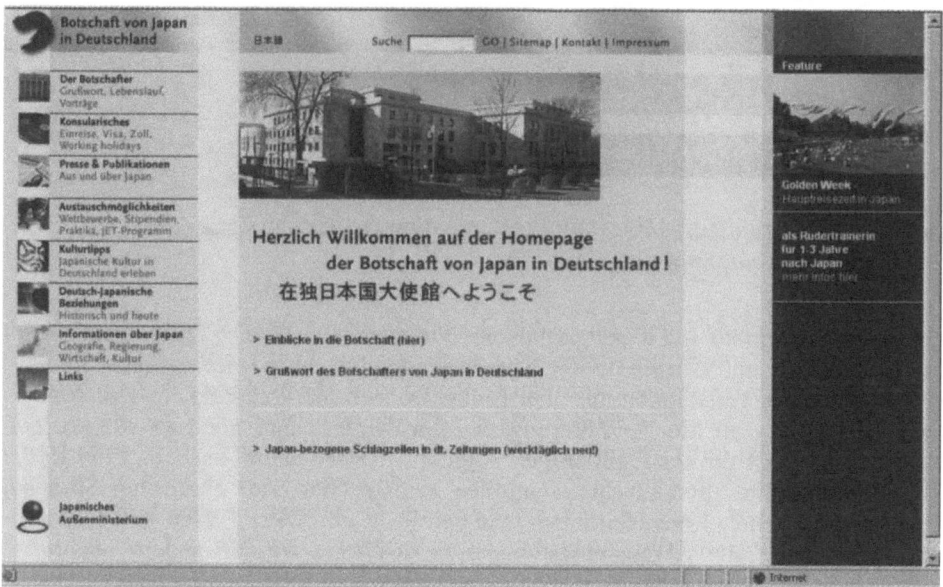

Abb. 7: Testsieger im Bereich Gestaltung/Design: Homepage der Botschaft Japans (http://www.botschaft-japan.de)

Insgesamt lässt sich jedoch eine Konvergenz der Botschaftsseiten feststellen, die Auswahl der Rubriken und Angebote sind oft deckungsgleich. Nur äußerst selten finden sich auffallende Inhalte auf den Seiten der diplomatischen Vertretungen. Spielerische Elemente, ausgefallene Rubriken oder originelle Inhalte suchen Nutzer hier fast immer vergebens. Es ist deutlich spürbar, dass die Botschaften das Internet vor allem als seriöse Repräsentationsplattform begreifen. Um jedoch gerade die steigende Zahl private Nutzer regelmäßiger an das Internetangebot der Botschaft – etwa gerade in den Bereichen Kultur und Tourismus – zu binden, ist eine solche Strategie nicht förderlich. Die strengen Vorgaben der Diplomatie zwängen die Auftritte meist in ein enges Korsett, das keinen Raum für Innovationen und Experimente lässt.

Alle Ergebnisse des Webtests der Botschaften im Überblick:

Land	Adresse	Gesamtnote
USA	http://www.usembassy.de/	1,2
Kanada	http://www.kanada-info.de/	1,3
Russische Föderation**	http://www.russische-botschaft.de/	1,3
Usbekistan	http://www.uzbekistan.de/	1,5
Niederlande	http://www.dutchembassy.de/	1,5
Frankreich	http://www.botschaft-frankreich.de/	1,6
Finnland	http://www.finnland.de	1,6
Japan	http://www.botschaft-japan.de	1,6
Neuseeland	http://www.nzembassy.com/germany	1,7
Schweden	http://www.schweden.org/	1,7
Großbritannien	http://www.britischebotschaft.de/	1,7
Peru*	http://www.botschaft-peru.de/	1,8
Slowakei	http://www.botschaft-slowakei.de/	1,9
China	http://www.china-botschaft.de/	2
Estland	http://www.estemb.de/	2
Angola	http://botschaftangola.de/	2
Dänemark	http://www.daenemark.org/	2
Algerien	http://www.algerische-botschaft.de/	2,1
Norwegen	http://www.norwegen.org/	2,1
Spanien*/**	http://www.spanischebotschaft.de/	2,1
Kuba	http://www.botschaft-kuba.de	2,2
Israel	http://www.israel.de/	2,2
Schweiz	http://www.botschaft-schweiz.de/	2,2
Ukraine	http://www.botschaft-ukraine.de/	2,3
Brasilien	http://www.brasilianische-botschaft.de/	2,3
Litauen	http://de.urm.lt/	2,3
Iran	http://www.iranembassy.de/	2,4
Tschechische Republik	http://www.czech-embassy.de	2,4
Simbabwe*	http://www.simbabwe-botschaft.de/preview/	2,4
Indonesien	http://www.kbri-berlin.org/	2,5
Island	http://www.botschaft-island.de/	2,5
Türkei	http://www.tuerkischebotschaft.de/	2,5
Ägypten	http://www.egyptian-embassy.de/	2,5
Sambia*	http://www.sambia-botschaft.de/	2,5
El Salvador	http://www.botschaft-elsalvador.de	2,5
Polen	http://www.botschaft-polen.de/	2,5
Lettland	http://www.botschaft-lettland.de/	2,5
Bangladesh	http://www.bangladeshembassy.de/	2,6
Argentinien	http://www.argentinische-botschaft.de/	2,6
Ecuador	http://www.embecuador.de/	2,6
Italien	http://www.botschaft-italien.de/	2,6
Singapur	http://www.singapore-embassy.de/	2,6
Lesotho*	http://www.lesotho-botschaft.de	2,7
Mosambik	http://www.mosambik-botschaft.de/preview/	2,7
Belarus	http://www.belarus-botschaft.de/	2,7
Belgien	http://www.diplobel.org/deutschland	2,8
Australien	http://www.australian-embassy.de/	2,8
Vatikan	http://www.nuntiatur.de/	2,8
Südkorea	http://www.koreaemb.de/	2,9
Tadschikistan	http://www.botschaft-tadschikistan.de/	2,9
Ungarn	http://www.ungarische-botschaft.de/	2,9
Malawi	http://www.malawi-botschaft.de/	3

Tansania	http://www.tanzania-gov.de/	3
Mexiko	http://www.embamex.de/	3
Kasachstan*	http://www.botschaft-kasachstan.de/	3
Sudan	http://www.sudan-embassy.de/	3,1
Philippinen	http://www.philippinischebotschaft.de/	3,1
Nigeria*	http://www.nigeriaonline.de/	3,1
Bolivien	http://www.bolivia.de/	3,1
Griechenland	http://www.griechenland-botschaft.de/	3,1
Indien	http://www.indianembassy.de/	3,1
Namibia	http://www.namibia-botschaft.de/	3,1
Österreich	http://www.oesterreichische-botschaft.de/	3,2
Kirgisien	http://www.botschaft-kirgisien.de/	3,3
Jordanien	http://www.jordanembassy.de/	3,4
Nepal	http://www.nepalembassy-germany.de/	3,4
Marokko	http://www.marokko-botschaft.de/	3,4
Venezuela	http://www.botschaft-venezuela.de	3,4
Jemen	http://www.botschaft-jemen.de/	3,4
Sri Lanka	http://www.srilanka-botschaft.de/	3,4
Irland	http://www.botschaft-irland.de/	3,5
Südafrika*	http://www.suedafrika.org/	3,5
Gabun	http://www.africaweb.de/gabun/	3,6
Thailand*	http://www.thaiembassy.de/	3,6
Kap Verde	http://embassy-capeverde.de	3,6
Oman	http://www.oman-embassy.de/index-g.htm	3,7
Bulgarien*	http://www.botschaft-bulgarien.de/	3,7
Ruanda/Rwanda	http://www.rwanda-botschaft.de/	3,9
Chile	http://www.embajadaconsuladoschile.de/	4
Georgien	http://www.botschaftvongeorgien.de	4,2
Vereinigte Arabische Emirate	http://www.uae-embassy.de/	4,2
Haiti	http://ayiti.de/himnet/bonn/	5,3
Kuwait*	http://www.kuwait-botschaft.de/	5,5
Kroatien*	http://www.kroatische-botschaft.de	5,7
Botswana*	http://www.botswana-botschaft.de/	6
Burundi*	http://www.burundi.de/	6
Honduras*	http://www.embahonduras.de/	6
Jamaika*	http://www.jamaican-embassy-berlin.de/	6
Madagaskar*	http://www.botschaft-madagaskar.de/	6
Mauritius*	http://www.mauritius-botschaft.de/	6
Seychellen*	http://www.seychellen-botschaft.de/	6
Swasiland*	http://www.swasiland-botschaft.de/	6

* Seite (teilweise) im Aufbau
** Bewertet wurden die Hauptseite und die von der Botschaft betriebenen Unterseiten

Nicht bewertet wurden: Mauretanien (Konsulat, http://www.konsulspieker.de), Paraguay (Konsulat, http://www.paraguay.de), Togo (Konsulat, http://www.republic-oftogo.com), Palästina (Generaldelegation, http://www.palaestina.org).

Alexander Wolf

Virtuelle Botschaften in der Berliner Republik Die neue „Public Diplomacy" entdeckt das Internet nur langsam

Das politische Leben der neuen, alten Hauptstadt definiert sich mehr als in den meisten anderen Kapitalen durch seine Öffentlichkeit. Der erste Kanzler der „Berliner Republik" ist auch der erste Kanzler der Nachkriegszeit, der systematisch die Massenmedien nutzt, um Politik zu machen – der letzte Wahlkampf war die größte Multi-Medienschlacht einer deutschen Wahl nach 1945.

Auch die diplomatischen Aktivitäten haben sich von den Gepflogenheiten des letzten Jahrhunderts verabschiedet. Der Britische Botschafter, S.E. Sir Paul Lever, bezeichnet sich als „First PR-Manager of my country in Germany", die Botschaften der Nordischen Länder haben mehr Besucher als so manches Multiplex-Kino. Das Norwegenportal der Botschaft des Königreichs Norwegen ist – komplett von der Wirtschaft finanziert – eine erfolgreiche Premiere in der Welt der Gesandten und Exzellenzen.

Diese offene, neue *Public* Diplomacy wird mit ihrem „Berliner Stil" in die Geschichte der Diplomatie eingehen. Doch inmitten dieses Feuerwerks innovativer Volksvertretung und -begegnung blicken wir staunend auf die dunklen Tümpel der Medienarbeit aus dem letzten Jahrhundert: Kontakt

Die virtuelle Vertretung von Brunei, einem nicht gerade in Armut versinkenden Land, sieht aus wie die private Urlaubshomepage einer arabischen Familie aus Kreuzberg; bei der Site www.argentinische-botschaft.de erwachen nostalgische User-Gefühle, und die Mutternation des Internets USA präsentiert sich mit einer ordentlich gemachten, aber fantasielosen Seite, wie man sie von diversen Kleinstädten mit Adressen wie www.triff-den-buergermeister.de kennt.

Doch so viele schlechte Beispiele kann es gar nicht geben, denn es sind sowieso nur zirka 60 Prozent aller Botschaften im Internet vertreten – immerhin mit stark steigender Tendenz. Wenn man bedenkt, dass gerade für Konsularabteilungen mit hohem Besucheraufkommen das Internet enorme Einsparmöglichkeiten bietet, dass gerade die schlecht ausgestatteten Presse- und Kulturabteilungen durch ihre eigenen Online-Medien ihre Wirkung verstärken können, dann tritt einige Verwunderung ob der ungenutzten Potenziale ein.

Warum vernachlässigen die diplomatischen Vertretungen ihren wichtigsten Verbündeten im Wettstreit um politische und wirtschaftliche Einflussnahme in der Bundesrepublik den direkten Kontakt zur deutschen Bevölkerung? Der Grund ist einfach erklärt: Sie wissen noch nicht, wie groß die Möglichkeiten sind.

Um dies zu verstehen, muss man den Hintergrund politischer Arbeit kennen. Politik, ganz besonders die Beziehungsarbeit zwischen Staaten, war über Jahrhunderte eine Kunst, deren Feind die öffentliche Aufdeckung war. Nicht umsonst haben Botschaften immer noch die fast mythische Aura geheimer Orte. Diplomatie war immer schon die hohe Schule der diskreten Kommunikation. Inzwischen ändern sich die Zeiten, Diplomatie wird immer mehr zur „Public Diplomacy", das ist Diplomatie, die bewusst mit der Öffentlichkeit arbeitet, um ihre Ziele zu erreichen. Diese Ziele haben sich ebenfalls geändert: Heute finden die Gespräche über Krieg und Frieden am Telefon oder bei direkten Besuchen der Staatschefs statt, die – wie bei der Irak-Krise gesehen – eine erstaunliche Reisetätigkeit entwickeln können, wenn es eng wird.

Das allerdings macht so manchen Botschafter fast arbeitslos. Während des Ringens um die UN-Resolutionen zum Irak konnte Daniel Coats, der Botschafter der Vereinigten Staaten von Amerika, noch die begleitende Informationsarbeit seiner Regierung in Deutschland betreiben, sorgte für Hintergrundinformationen in beide Richtungen, betrieb eine Art „Verständnis-Diplomatie". Die entscheidenden Gespräche allerdings fanden auf Ebene der Außenminister oder Regierungschefs direkt statt.

Welche Aufgaben übernimmt ein so entmachteter Gesandter für seinen Staat ? Er kümmert sich um das generelle Image seines Landes, um das Verständnis bei anderen Völkern, um Staats-PR. Leider sind die meisten Botschaften für diese Aufgaben nicht ausgestattet. Bis auf die USA, die einen Pressestab in der Größe einer kleineren PR-Agentur unterhalten, leiden alle diplomatischen Vertretungen unter

1) einer dünnen Personaldecke im Bereich Presse und Kultur,
2) lächerlichen Etats (bis auf Frankreich, das alleine für Kulturarbeit in Deutschland ein Budget von 7 Mio. Euro jährlich bereithält),
3) geringem Know-how im Bereich der Öffentlichkeitsarbeit.

Zu (1): Die meisten Botschaften leisten sich nicht mehr als zwei Verantwortliche, um ihre Stimme in Deutschland zu verstärken. Meistens ist die Konsularabteilung besser besetzt als das Pressebüro.

Zu (2): Oft existiert gar kein Etat, ganze Staaten müssen offizielle Feste wie den Nationalfeiertag mit Sponsoren aus der deutschen Wirtschaft finanzieren. Da gibt es natürlich keinen Spielraum für umfangreiche Öffentlichkeitsarbeit, geschweige denn für professionelle Internet-Präsenz.

Zu (3): Meistens ist der Leiter der Presseabteilung (der oft genug sich selbst alleine leitet) jemand, der zuvor für Visa-Angelegenheiten oder politische Analysen zuständig war. In einer weit entwickelten Medienlandschaft wie Deutschland kämpfen diese Staatsvertreter mit den Mitteln des medialen Mittelalters: keine Ausbildung, keine Erfahrung, keine Kontakte, keine Etats.

Umso erstaunlicher ist es, dass eine Veränderung dieser Situation aus den ärmeren Staaten kommt. Es gibt zwei Kategorien guter Online-Präsenzen von Botschaften:
Erstens die Botschaftsseiten von Staaten, in denen das Online-Verhalten der Bevölkerung überdurchschnittlich hoch ist, wie zum Beispiel die Nordischen Länder Finnland und Norwegen.
Zweitens (und dies ist die Mehrheit) Sites von Botschaften ärmerer Länder. Das herausragendste Beispiel für diese Entwicklung ist die Botschaft von Bangladesh

(www.bangladeshembassy.de). Eines der ärmsten Länder der Welt betreibt aus Berlin heraus eine fantastische Internetseite, die sich mit ihrem Service vor den Botschaftsseiten der G8-Staaten nicht verstecken muss und mit ihrer professionellen und fantasievollen Ansprache an den deutschen User diesen noch ein Vorbild sein kann.

Auch aus Mittel- und Osteuropa kommen gute Beispiele für moderne Online-Diplomatie: Die Ukraine zum Beispiel schaffte es, mit einem Nulletat eine sehr gute Präsenz für ihre Botschaft in Deutschland zu erstellen.

Die Botschaften, die in Berlin ihren neuen Job unter großen Problemen gut machen müssen, sind die Vorreiter der „Public Online Diplomacy". Je weniger die diplomatische Vertretung auf das Interesse der deutschen Medien bauen kann, je weniger Möglichkeiten zur Verfügung stehen, desto besser die Arbeit mit dem Medium Internet. Anscheinend wiederholt sich hier die Entwicklung, die wir bereits bei den NGOs beobachten konnten: In den frühen 1990er-Jahren hatten viele Bürgerbewegungen und Grassroot-Organisationen bessere Internet-Aktivitäten als mächtige Großkonzerne – einfach nur, weil dies eine erfolgreiche „asymmetrische Kriegsführung" (man möge diesen Begriff verzeihen) mit wenigen Mitteln ermöglichte. Somit werden die armen Staaten der Welt und unsere neuen EU-Partner zu den Vorreitern einer Online-Diplomatie, die in den nächsten Jahren aus Berlin heraus weltweit Schule machen wird.

Außerhalb des Schwerpunkts

Alexander Bilgeri/David Rose/Christoph Leischwitz

Im Auftrag des ganzen Web-Volkes! politikerscreen.de testet die Homepages der Bundestagsabgeordneten zum zweiten Mal

Die Einstellung deutscher Politiker zum Internet hat sich gewandelt. Nicht nur die Parteien investieren mittlerweile viel Geld in ihre Online-Angebote. Auch für fast alle Bundestagsabgeordneten erscheint eine eigene Webseite mittlerweile als Selbstverständlichkeit. Die FDP, die sich gerne als moderne Internet-Partei präsentiert, verlangt von den Mitgliedern ihrer Bundestagsfraktion sogar eine eigene Homepage. Alle Abgeordneten der Freien Demokraten erfüllen diese Anforderung. Negativ fällt dagegen die CSU auf, bei der nur 77,6 Prozent der Parlamentarier eine Webseite betreiben. Andere Unterschiede, die politikerscreen.de bei der ersten umfassenden Untersuchung der Online-Angebote der Bundestagsabgeordneten im Jahr 2001 festgestellt hatte, sind nach dem neuen Webtest aus dem Januar 2003 dagegen nicht mehr festzustellen. In Sachen Qualität und Quantität haben die älteren Abgeordneten und die Parlamentarier aus den neuen Bundesländern aufgeschlossen. Eine solche Entwicklung hatte sich schon bei einer Umfrage von politikerscreen.de im Frühjahr 2001 abgezeichnet, als die Redaktion den Umgang von Politikern mit dem Internet erstmals genauer unter die Lupe nahm und ihre Einstellung bezüglich Chancen und Problemen des neuen Mediums untersuchte.[1]

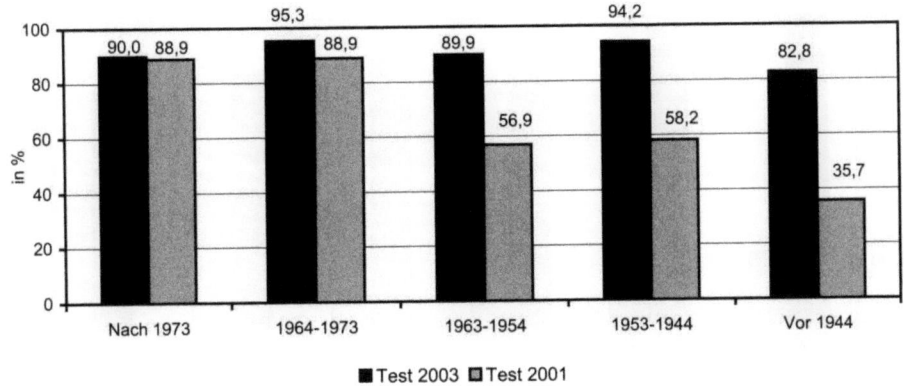

Abb. 1: Bundestagsabgeordnete mit eigener Homepage nach Alter (Geburtsjahrgang)

Seitdem hat sich viel getan. Der neue Test der Abgeordneten-Webseiten Anfang 2003 hat gezeigt – und damit das positive Ergebnis vorweg – dass sich die Zahl der Abgeordneten mit einer eigenen Internet-Präsenz mehr als verdoppelt hat, und das, obwohl der Bundestag mit dem Beginn der 15. Legislaturperiode um 66 Sitze geschrumpft war. Innerhalb von zwei Jahren hat sich ein Großteil der Volksvertreter von passiven zu aktiven Internet-Nutzern gewandelt. Über 92 Prozent der 603 Abgeordneten verfügen jetzt über eine eigene Homepage, und die Resonanz auf die Veröffentlichung der Testergebnisse lässt vermuten, dass diese Zahl weiter steigen wird. Eine Reihe von Abgeordneten forderten den politikerscreen.de-Kriterienkatalog an oder erbaten sich Hilfe beim Aufbau oder der Neugestaltung der jeweiligen Homepage.

Die positive Entwicklung in Sachen Politiker-Webseiten war zu erwarten, denn die Umfrage im Sommer 2001 hatte unter anderem deutlich gemacht, dass sich Abgeordnete von einem Internet-Auftritt versprechen, ein größeres Wählerpotenzial zu erschließen und verstärkt in Kontakt mit den Bürgern ihres Wahlkreises zu kommen.[2] Dass die Anzahl der Webseiten in den vergangenen zwei Jahren derart massiv gestiegen ist, muss deshalb auch vor dem Hintergrund der Bundestagswahl 2002 gesehen werden. Von den bisherigen Mitgliedern des Parlaments hatten viele für den Wahlkampf einen eigenen Internet-Auftritt geschaffen oder den bestehenden neu gestaltet. Auch unter den neu gewählten Abgeordneten verzichteten nur wenige auf eine eigene Homepage – eine Ausnahme bilden hier Bayern und die CSU. Der überraschende Erfolg mit neun Prozent der Zweitstimmen – übertragen auf das bundesweite Ergebnis – ließ einige Kandidaten auf hinteren Listenplätzen in das Parlament rücken, die damit offenbar nicht gerechnet hatten und einen Internet-Auftritt nicht für notwendig hielten. Deshalb kam mehr als ein Drittel aller Abgeordneten ohne eigene Homepage aus Bayern. Insgesamt war allerdings klar ersichtlich, dass der Wahlkampf 2002 nicht nur bei den Parteien, sondern auch bei den Kandidaten verstärkt im Internet stattfand.

Aus Abbildung 2 wird zudem ersichtlich, dass die Anzahl der Homepages bei allen Parteien gestiegen ist, dass aber all jene, die vor zwei Jahren prozentual noch schwächer vertreten waren, die Parteien mit damals höherer Anzahl überholt haben.

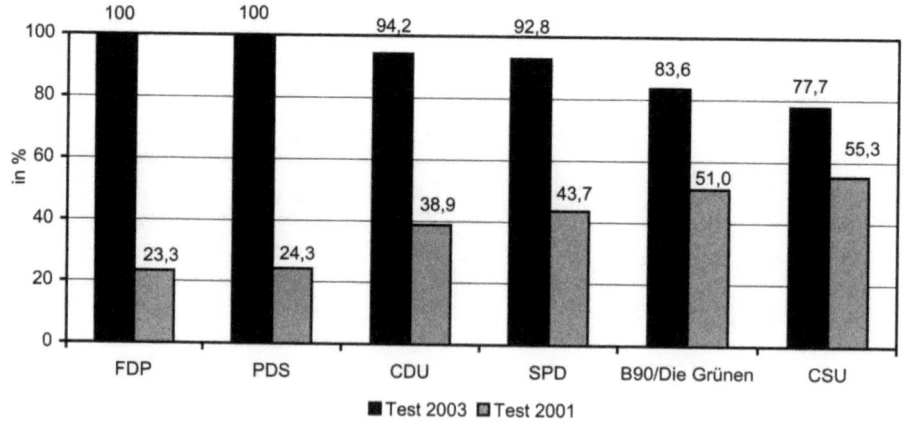

Abb. 2: Bundestagsabgeordnete mit eigener Homepage nach Parteien

Vorbildfunktion der Abgeordneten

Aus politikwissenschaftlicher Sicht hat die Erkenntnis von der steigenden Internet-Präsenz auch Auswirkungen jenseits des bloßen Nutzwertes der neuen Seiten. Die Politiker waren sich schon bei der Umfrage vor zwei Jahren weitgehend einig, dass das Internet nicht nur eine vorübergehende Erscheinung sein wird, sondern den politischen Prozess dauerhaft beeinflussen wird. Der Großteil war zudem schon damals davon überzeugt, dass das Internet die Demokratie und die politische Partizipation fördere.[3]

Auch mit Hinsicht auf die Vorbildfunktion, die Bundestagsabgeordneten zweifellos zuzuschreiben ist, haben die Parlamentarier mit ihrer hohen Internet-Präsenz ihre Pflicht erfüllt. Das Internet ist für viele Menschen in Deutschland bereits Teil des Alltags und nun auch für die Politiker, die immerhin für den Inhalt verantwortlich sind und diesen gemeinsam mit ihren Mitarbeitern für die jeweilige Webseite bereitstellen müssen. Es ist also konkret die Arbeit an den Homepages, die in den Alltag der parlamentarischen Büroarbeit eingekehrt ist, und die eine alltägliche Nutzung dieser Seiten, sei es durch interessierte Wähler, Journalisten oder andere Politiker, überhaupt erst möglich macht.

Quantität und Qualität

Gleichzeitig, darauf wird in diesem Artikel noch näher eingegangen, gibt es allerdings starke qualitative Unterschiede zwischen den Homepages. Der Gesamtnotendurchschnitt von 3,3 (nach dem Schulsystem) bei 553 getesteten Seiten unterstreicht, dass die Streuung sehr groß ist. Der Test hat zudem gezeigt, dass einige Homepages, die vor zwei Jahren zum ersten Mal erfasst worden waren, trotz teilweise kaum verändertem Inhalts und Designs im Jahr 2003 einen schlechteren Platz belegten und im Schnitt oft auch eine schlechtere Note bekamen. Der Grund liegt in den Anforderungen, die aufgrund der Entwicklungen im Internet allgemein und in Sachen Abgeordneten-Homepages angepasst wurden. Mit der Zahl der Webseiten ist in vielen Fällen auch die Qualität gestiegen. Gerade in punkto Gestaltung, Aktualität und Service setzen die besten Seite Maßstäbe, gegenüber denen schlechtere Homepages im Vergleich deutlich zurückbleiben. Dies zeigt sich darin, dass die Tester 189 Seiten nur als „ausreichend" oder schlechter bewerteten.

Es zeichnet sich ab, dass die Quantität der Seiten fast das Maximum erreicht hat, der konkrete Umgang mit dem Internet von Anbieterseite aus aber vielfach noch erlernt werden muss. Für viele Politiker und ihre Mitarbeiter würde das mehr oder zumindest effizientere Arbeit bedeuten. Da Menschen immer mehr Zeit im Internet verbringen und es zunehmend als Informationsquelle nutzen, ist nicht nur ansehnliches Design und Navigation gefragt, sondern auch immer mehr Inhalt nötig.[4]

Dies war auch einer der Gründe, warum die Redakteure von politikerscreen.de den Inhalt mit 40 Prozent der Gesamtnote gewichteten. Des Weiteren entfielen jeweils 20 Prozent auf die Kategorien Aktualität, Design und Serviceangebote. Die Ergebnisse sollen nun im Einzelnen dargestellt werden.

Testbericht

Kriterienkatalog

Der angelegte Kriterienkatalog basiert auf jenem des Webtests von 2001 und den Erkenntnissen der schon erwähnten Studie aus demselben Jahr, so dass auch der direkte Vergleich mit damaligen Noten möglich ist. Allerdings wurden Änderungen vorgenommen, die sich aus den Erfahrungen des ersten Tests ergaben und den aktuellen Entwicklungen entsprechen. Dazu gehört zum Beispiel die Aufnahme von neuen interaktiven Elementen, die damals noch in geringerem Maße genutzt wurden, oder die mittlerweile verbreitete Möglichkeit, Informationen zum besseren Ausdrucken in einem separaten Fenster anzuzeigen.

Der Katalog umfasst fünf inhaltliche Bereiche, die die jeweiligen Elemente einer Homepage in „Pflicht", „Kür" und „Show" aufteilen. So gehören Standardinformationen wie Lebenslauf, politische Betätigung, aktuelle Pressemitteilungen und die Nennung des Wahlkreises in das Pflichtprogramm jeder Website. Unter „Kür" fallen all jene Dokumente, die für die Information über den Politiker relevant sind, aber nicht dringend nötig, um einen guten Überblick über seine Arbeit zu bekommen. Dazu gehören unter anderem eine seiteninterne Suchfunktion, eine Wahlkreiskarte, weiterführende Dokumente zu einem Schwerpunktthema des Politikers, oder auch seine persönlichen Hobbys. Im Bereich „Show" kann die Gesamtnote durch zusätzliche, überraschende Elemente verbessert werden – hier sind den Webmastern kaum Grenzen gesetzt. Relativ oft sind auf den Seiten jedoch Offenlegungen der Abgeordnetenfinanzen zu finden oder Gästebücher für die Diskussion mit den Besuchern. Vor allem Unterhaltungsangebote waren in dieser Kategorie häufig zu finden. Spiele, Musik-Downloads oder elektronische Postkarten gehörten genauso dazu wie Politikerwitze und Kochrezepte.

Mit diesen drei Kategorien wurde im Test so verfahren, dass sie quasi unabhängig voneinander betrachtet wurden. Ein guter „Show"-Teil konnte so einen fehlenden Pflicht-Inhalt nicht kompensieren. Gleichzeitig konnte eine Seite aber auch nicht mit einer Eins benotet werden, wenn Show-Elemente völlig fehlten.

Kategorie Inhalt (3,33)

Mit einem Beitrag von 40 Prozent hatte diese Kategorie den gewichtigsten Anteil an der Gesamtnote. Nur zwölf Mal wurde hier eine 1,0 vergeben, davon sieben Mal in den Top Ten. Um eine Eins für den Inhalt zu erhalten, musste das Informationsangebot besonders breit gefächert sein. Die wichtigsten Dokumente zu einem Thema durften genauso wenig fehlen wie Reden, Positionspapiere und Pressemitteilungen. Doch es waren nicht allein politische Texte wichtig. Die Präsenz von Kontaktadressen und weiterführenden Links wurden ebenfalls innerhalb dieser Kategorie bewertet. Gleichzeitig sollte kein inhaltlicher Bereich fehlen: Falls zum Beispiel die Arbeit in Berlin sehr gut dokumentiert wurde, konnte keine 1,0 vergeben werden, wenn gleichzeitig Themenbereiche aus dem Wahlkreis fehlten. Die Jury ging während des Tests davon aus, dass ein großer Teil der Besucher einer Abgeordneten-Homepage Informationen über Themen aus dem Wahlkreis des Politikers sucht.

Ebenso wurde es negativ bewertet, wenn die politische Arbeit im Vergleich zur persönlichen Darstellung des Politikers zu kurz kam. Fotostrecken mit Freizeitmotiven sollten auch bei Abgeordneten-Homepages auftauchen, jedoch nicht der prominenteste Teil seiner Seite sein.

Insgesamt lag der Durchschnitt aller Seiten in dieser Kategorie sehr nahe an der Gesamtnote. Mit 3,338 fiel der inhaltliche Auftritt minimal schlechter aus als der Gesamtauftritt (3,305).

Informations-Sammelbecken statt Quelle

Erwartungsgemäß waren jene Bereiche in der Kategorie Inhalt schwächer, die besonderen Pflegeaufwand benötigen. Archive von Reden oder Pressemitteilungen waren meistens umfassend, falls die Webseite schon lange in Betrieb war. Oft fehlten aber längere Stellungnahmen zu aktuellen Themen, die explizit für die Homepage angefertigt wurden. Einige Abgeordnete umgingen diese Problematik, indem sie aktuelle Flugblätter oder gedruckte Nachrichten einscannten und als PDF-Datei anboten.

Insgesamt reflektieren die Internet-Auftritte demnach die politische Arbeit recht gut, die Homepage scheint aber für die Betreiber eher ein Sammelbecken für Informationen zu sein als eine wirkliche Quelle für neue Nachrichten. Informationen, die speziell für die Homepage angefertigt wurden, finden sich – nicht zufällig – vor allem auf den Webseiten der Spitzenreiter.

Kategorie Aktualität (3,43)

In dieser Kategorie zeigte sich deutlich, wo die größten Schwächen der Abgeordneten-Seiten liegen. Meistens fehlte eine regelmäßige Pflege der Seiten, tägliche Überarbeitung konnten die Tester nur selten finden. Viele Seiten bieten einen Nachrichtenservice an, der von der Bundespartei zur Verfügung gestellt wird und der als Link auf der Homepage angezeigt ist. Diese sind zwar stets aktuell, vernachlässigen aber die individuelle Arbeit der einzelnen Politiker. In diesen Fällen wurden externe Nachrichten, die nicht von den Homepage-Betreibern selbst eingestellt wurden, oft als nicht existent gewertet, vor allem, wenn es der Homepage auch sonst an aktuellen Nachrichten und Inhalt mangelte. Dieser Schritt war nötig, um sicherzustellen, dass die Benotung des eigenen Aufwands der Abgeordneten nicht verwässert wird.

Ein weiterer auffälliger Aspekt war die Tatsache, dass viele Homepages offensichtlich nur dazu dienten, die nötigen Informationen während des letzten Wahlkampfes bereit zu stellen. Nicht selten datierten die letzten Pressemitteilungen vom September 2002, oder Nachrichten wurden nach dem Wahlkampf nur noch sporadisch auf die Seite gestellt.

Abb. 3: Gutes Design, wenig Inhalt: www.gerhard-schroeder.de zeigt, wo die
Schwächen der Abgeordneten-Homepages liegen

Die Jury achtete auch besonders darauf, dass das Ergebnis des Abgeordneten-
Wahlkreises auf einer Homepage zu finden war – sozusagen als Indikator für die
Arbeit nach dem Wahlkampf. War dies nicht der Fall, wurde eine Seite automatisch
mit 3,5 oder „noch befriedigend" gewertet, wenn sich trotzdem noch halbwegs aktuelle Nachrichten finden ließen. Ähnliches galt für Biografien: Eine Seite musste
schlechter benotet werden, wenn der oft als Stehsatz fungierende Lebenslauf nicht
die neuen Ämter der 15. Legislaturperiode beinhaltete. So war zum Zeitpunkt des
Webtests beispielsweise auf den Seiten von Walter Riester und Kurt Bodewig zu
lesen, sie seien noch Bundesminister.
  Die Kategorie Aktualität erhielt somit auch die schlechteste Durchschnittsnote
(3,44). Selbst die am besten gewerteten Websites büßten hier vielfach eine noch
bessere Note ein.

Kategorie Design (3,04)

Allein die Tatsache, dass die Noten in dieser Kategorie am häufigsten vom Durch-
schnittsergebnis abwichen, zeigt, dass es große Unterschiede in der Gestaltung der
Homepages gab. Einige scheinen darauf ihr Hauptaugenmerk gelegt zu haben, andere vernachlässigten das Design wiederum sehr, weil sie sich offensichtlich lediglich darauf konzentriert hatten, so viele Dokumente wie möglich ins Netz zu stellen.

Im ersten Fall bekommt das Design natürlich eine gute Note, allerdings ist bei der Benotung der Gestaltung auch zu berücksichtigen, mit welchem Umfang ein Homepage-Produzent zu „kämpfen" hatte.

Obwohl nur zwei Mal die Note 1,0 im Design vergeben wurde, ist der Gesamtdurchschnitt in dieser Kategorie eindeutig der Beste. Mit 3,04 war es gerade das Design, das den Schnitt deutlich verbessern konnte und ein insgesamt „befriedigend" für alle Webseiten sicherstellte.

Abb. 4: Die Seite mit dem besten Design: www.peter-rauen.de kam in die Top Ten des politikerscreen.de-Webtests

In der Summe waren die Tester von der Gestaltung der Seiten angetan. Oft fehlten nur Details für Spitzennoten – diese mussten aber einbezogen werden, weil sie sich für viele Seiten-Besucher als sehr störend erweisen können. Solche Kleinigkeiten sind zum Beispiel Fehler in der Nutzung der Menüleiste. Bewegt man den Cursor zum Beispiel auf ein bestimmtes Feld innerhalb einer Leiste, so tauchen manchmal die Unterpunkte auf und verdecken das eigentliche Menü. So ist die grundsätzliche Idee, alle Bereiche der Seite mit möglichst wenigen Klicks zugänglich zu machen, zunichte gemacht. Gravierender machte sich bemerkbar, wenn eine Menüsteuerung ganz fehlte, wegen ihrer Benennung in die Irre führte oder durch eine Verteilung des Menüs auf mehrere Stellen eher verwirrte als Orientierung gab.

„Baukasten"-Systeme

Auch in dieser Kategorie wird trotz allem deutlich, dass sich die Ersteller der Webseiten möglichst viel Arbeit ersparen wollen. Die Fraktionen helfen mittlerweile dabei. Beim ersten Test 2001 griffen viele Abgeordnete noch auf ein Baukasten-System zurück, das der Bundestag allen Abgeordneten zur Verfügung stellt. Weil dieses jedoch die Anforderungen nur bedingt erfüllen konnte, haben Fraktionen und einige Landesverbände der Parteien reagiert und eigene, deutlich bessere Baukastensysteme für die ihre Parlamentarier entwickelt. Eine CD-ROM liefert dabei Abgeordneten ein komplettes Grundgerüst für eine Webseite. Teilweise sind sogar schon Inhalte integriert, die wie etwa Terminlisten und Pressemitteilungen bei der FDP ohne Aufwand für den Politiker zentral von der Fraktion gepflegt werden. In Fällen, in denen Homepages nicht oder nur kaum in ihrem Angebot über den ursprünglichen Baukasten hinausgehen, hat die Jury für die Gestaltung fixe Noten vergeben. Da es nach Meinung der Tester aber auch Unterschiede im Design der Baukastensysteme gibt, sind diese unterschiedlich ausgefallen. So befanden sie den Baukasten der CDU/CSU-Bundestagsfraktion tendenziell für den besten.

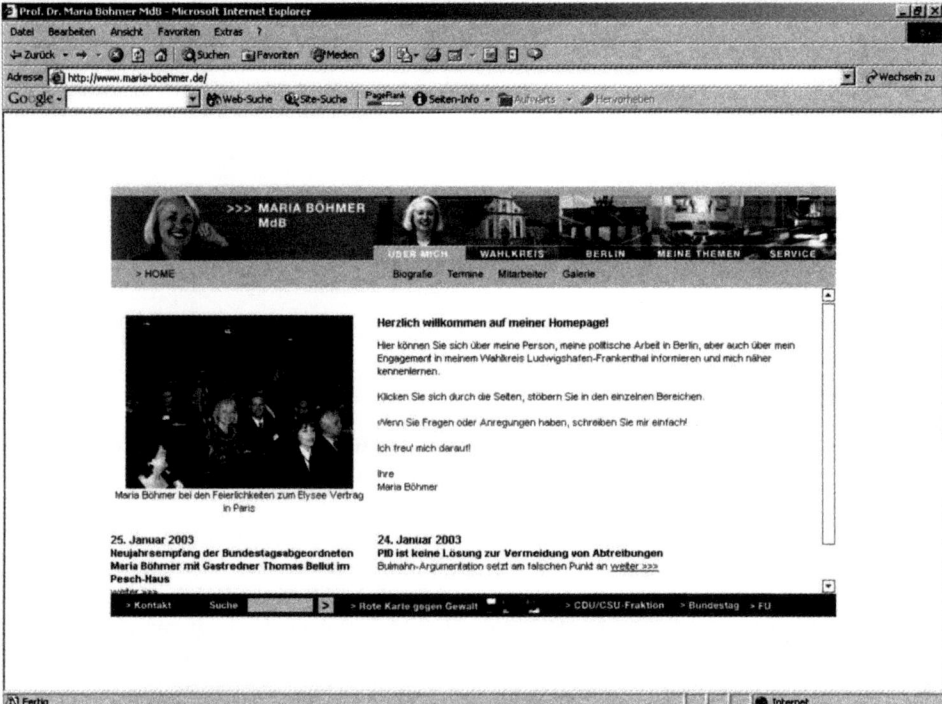

Abb. 5: Dank guten Inhalts und trotz Baukastensystem in den Top Ten:
www.maria-boehmer.de

Die Anwendung der Baukastensysteme hat die Arbeit für viele Abgeordnete sicher erleichtert, und garantiert darüber hinaus auch eine gemeinsame Ausrichtung, einen Wiedererkennungswert. Eine individuelle Arbeit ist damit aber eingeschränkt, und die Abgeordneten sollten sich überlegen, ob nach dieser „Starthilfe" der Parteien eine Weiterführung der Baukastensysteme wirklich notwendig ist, ohne sie durch eigene Elemente anzureichern.

In den wenigen Fällen, in denen Abgeordnete immer noch das alte Baukastensystem des Bundestages benutzen, wurde von der Jury eine 4,5 vergeben.

Kategorie Nutzwert/Service (3,38)

Kriterien zum Nutzwert einer Seite setzen sich aus vielen kleineren Faktoren zusammen. So muss in einem Webtest beachtet werden, ob eine gewisse Zielgruppe die Informationen bekommt, die sie sucht. Der Wähler aus dem Wahlkreis des Abgeordneten wird zum Beispiel eher die Meinung „seines" Politikers zu bestimmten allgemeinen Themen suchen, als der Journalist, der aktuelle Stellungnahmen oder ein Pressefoto benötigt. Für alle Besuchergruppen gilt aber: Eine Homepage-interne Suchfunktion ist immer nützlich, genauso wie ein Newsletter oder die Kontaktadressen des Abgeordneten in Berlin und im Heimatwahlkreis. Diese Servicefunktionen sind leicht zu benoten: Entweder sie sind da oder nicht. Somit hat die Jury beim Fehlen einer Suchfunktion einfach einen halben Notenschritt abgezogen. Zusätzliche, nicht in den ursprünglichen Katalog aufgenommene Kriterien haben aber die Note in dieser Kategorie mindestens genauso beeinflusst. Hier zählte eben auch der Einfallsreichtum der Homepage-Produzenten, und der war in vielen Fällen in der Tat vorhanden.

Grob gesprochen fallen alle neuen Ideen fast ausschließlich unter die Rubrik „den Abgeordneten näher kennen lernen" innerhalb des Kriterienkatalogs. Dazu gehörten: Zahlreiche Kochrezepte, die zum Teil sehr ausführliche Berichterstattung über Hobbies, Videos von Bundestagsreden, Spiele, zum Teil sogar im direkten Vergleich mit dem Abgeordneten, Karikaturen, Musik zum Anhören und vieles mehr.

Insgesamt fiel auf, dass im Bereich Nutzwert/Service die meisten Seiten entweder sehr gut oder sehr schlecht waren. Die Abgeordneten nahmen die Servicefunktion ihrer Seite also entweder sehr wichtig oder sie vernachlässigten sie sehr stark. Innerhalb der ersten Gruppe gingen viele Serviceleistungen oft auch mit einem guten Inhalt einher – vielen Homepages war es daher sehr schnell anzusehen, ob sich die Produzenten Mühe gegeben hatten oder nicht. Viele Serviceleistungen haben zudem den Vorteil, dass sie nicht regelmäßig aktualisiert werden müssen. Sind sie vorhanden, tragen sie also automatisch zu einer guten Gesamtnote bei. Anders formuliert: Für die Betreiber der Homepages ist hier Handlungsbedarf gegeben, wie man der Gesamtnote entnehmen kann, aber diese Auffrischung einer Seite wäre relativ einfach zu bewerkstelligen.

Zusammenfassung

Im Vergleich zum politikerscreen.de-Webtest von 2001 sind die Homepages nicht nur zahlreicher, sondern auch vielseitiger geworden. Gleichzeitig ist aber in der Bevölkerung auch der Anspruch an das Internet als Informationsquelle gestiegen, die Nutzer sind zudem vertrauter im Umgang mit dem neuen Medium.

Die Politiker sind sich diesem Trend bewusst. Die meisten Bundestagsabgeordneten haben selbst eine Homepage geschaltet und Informationen über sich im Internet publik gemacht. Die Quantität der Seiten ist also weitgehend zufrieden stellend,
doch gerade aufgrund der ständig steigenden Erwartungen scheinen die Politiker in
der Gestaltung ihrer Seiten doch nicht ganz auf der Höhe der Zeit zu sein. Viele haben noch nicht verstanden, dass eine Homepage Informationen aus erster Hand benötigt, um die Seite für die Nutzer interessant zu machen. Deshalb wurde in der
Kategorie Aktualität auch die schlechteste aller Gesamtnoten vergeben. Das Design
nimmt zur gleichen Zeit in seiner Bedeutung zwar nicht ab, wird aber dadurch rela-
tiviert, dass sich die Homepage-Macher qualitativ angeglichen haben.

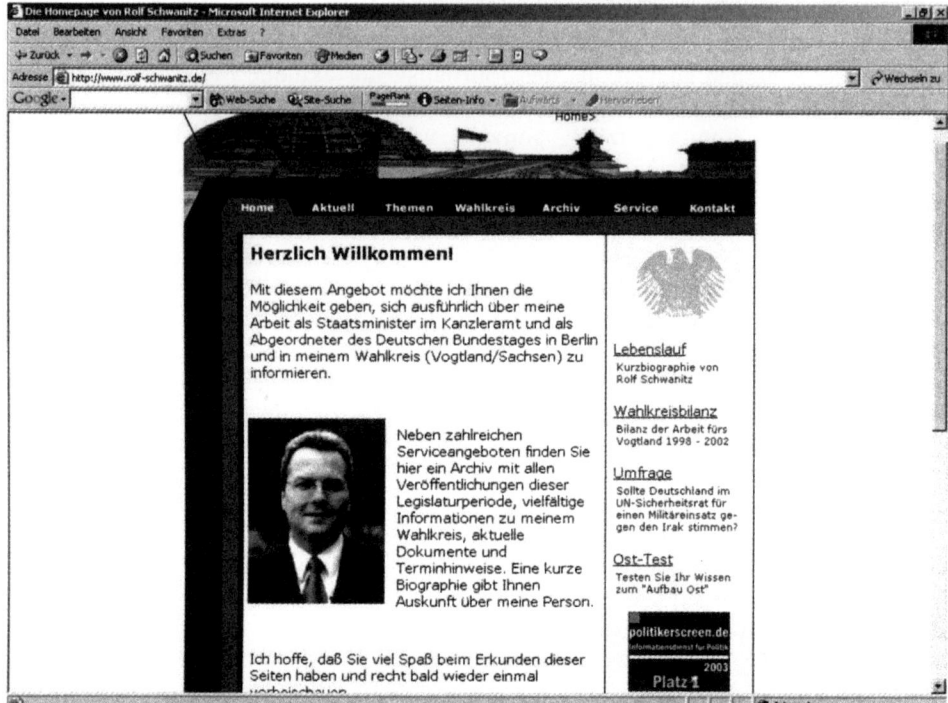

Abb. 6: Testsieger trotz mittelmäßigen Designs: www.rolf-schwanitz.de besticht
durch einen makellosen Inhalt

Insofern hat die Homepage des Testsiegers, dem Staatsekretär Rolf Schwanitz, eine
gewisse Vorbildfunktion, selbst wenn sie in der Kategorie Design eher mittelmäßig
abschnitt. Der Inhalt ist mittlerweile wichtiger geworden als das Aussehen einer
Seite, ist wichtiger als die pure Präsenz, die vor wenigen Jahren an sich noch eine
Besonderheit war. Wichtig ist aber vor allem die ständige Aktualisierung der Seiten. Und gerade hier zeigen viele Abgeordneten-Homepages noch die größten
Mängel. Die Akzeptanz des Internets ist vorhanden, der nötige Arbeitsaufwand für
eine rundum gute Seite wird allerdings selten erbracht.

Positiv zu bewerten sind allerdings die zahlreichen Anfragen nach Verbesse-
rungsmöglichkeiten, in der in der Redaktion von politikerscreen.de nach der Veröf-

fentlichung des Tests eingingen. Sie geben Anlass zur Hoffnung, dass die Qualität der Abgeordneten-Homepages weiter steigen wird, und damit die Politiker ihrem Auftrag der Vorbildfunktion im Umgang mit dem Neuen Medium über kurz oder lang gerecht werden.

Anmerkungen

1   Dorothea Lamatsch/Alexander Bilgeri: Der MdB im WWW. Ergebnisse einer repräsentativen Umfrage zur „Einstellung der Bundestagsabgeordneten zum Internet", in: Alexander Siedschlag/Alexander Bilgeri/Dorothea Lamatsch (Hg.): Kursbuch Internet und Politik, Band 1/2001. Opladen: Leske + Budrich 2001, S. 75-89.
2   Ebd., S.79.
3   Ebd., S. 84-86.
4   Hierzu die Allensbacher Computer- und Telekommunikationsanalyse 2002, abrufbar unter http://www.acta-online.de.

Thorsten Faas

Virtuelle Wahlforschung[1]
Akzeptanz und Ergebnisse einer Online-
Umfrage anlässlich der Bundestagswahl 2002

Dass das Internet die Menschen, die Gesellschaft, die Politik, die Wirtschaft, das Leben, kurzum: alles verändert hat oder zumindest doch das Potenzial hat, dies zu tun, ist inzwischen hinlänglich bekannt. Wahlen bilden hier keine Ausnahme – sie erfahren ebenfalls (potenziell) Veränderungen durch den Einsatz des Internets.[2] Diese potenziellen Veränderungen auch Wirklichkeit werden zu lassen, hat etwa die Initiative D21 nach der Bundestagswahl 2002 gefordert: „Online-Wahlen müssen weiter verfolgt werden. Das langfristige Ziel, die Bundestagswahl 2006 online durchzuführen, bleibt bestehen". Auch im rot-grünen Koalitionsvertrag 2002 heißt es: „Zur Unterstützung politischer Entscheidungsprozesse gehört die Nutzung des Internets für alle – als Teil der e-Demokratie. Diesem Ziel dient auch die Erprobung von Online-Wahlen unterhalb der staatlichen Wahlen."

Wenn also Wahlen zukünftig auch virtuelle Elemente umfassen werden, warum sollte dann die Wah*lforschung* nicht ebenfalls diesen Weg einschlagen? Denn das Internet bietet auch für sie neue Möglichkeiten, beispielsweise – aber keineswegs ausschließlich – in Form von wahlbezogenen Online-Umfragen. Die Vorteile solcher Online-Umfragen liegen auf der Hand: Der erreichbare Personenkreis ist um ein Vielfaches größer bei gleichzeitig relativ geringen (Grenz-)Kosten. Es ist daher nicht verwunderlich, dass klassische Wahlforschung zunehmend durch „virtuelle Wahlforschung" ergänzt wird – so geschehen beispielsweise anlässlich der letzten Wahlen in den USA, Großbritannien oder Australien.[3] Bei allen Vorteilen sind mit Online-Umfragen aber gleichzeitig Probleme verbunden, weshalb sie bisher eben primär als Ergänzung und Erweiterung eingesetzt werden, klassische Umfragen – telefonisch oder persönlich – aber nicht ersetzen. Diesbezüglich scheinen einige weitere Anmerkungen angebracht.

Online-Umfragen: Ein kurzer Überblick[4]

Medien und Öffentlichkeit stellen im Vorfeld von Wahlen immer auch eine Frage: Wer wird gewinnen? Lassen sich aber solche Vorhersagen auf Basis von Online-Umfragen machen? Ein erstes Problem ist offenkundig: Trotz des rasanten Wachstums, das die Nutzung des Internets in den vergangenen Jahren erfahren hat, nutzen bei weitem noch nicht alle Deutschen das Internet. Nach den Ergebnissen der ARD/

ZDF-Online-Studie 2002 haben derzeit 44,3 Prozent der deutschen Bevölkerung Netz-Zugang. Für die Durchführung von Online-Umfragen bedeutet dies aber im Umkehrschluss, dass 56,7 Prozent der Bevölkerung keinen Zugang zum Internet haben. Sie haben damit auch keine Möglichkeit, an einer online durchgeführten Umfrage teilzunehmen, und werden systematisch als potenzielle Befragungspersonen ausgeschlossen. Es ist offenkundig, dass Prognosen damit zumindest um ein Vielfaches schwieriger werden: Wenn sich das Wahlverhalten von Onlinern und Offliner unterscheidet, ist die Umfrage zwangsläufig verzerrt.

Wenn der Verdacht besteht, dass eine solche Verzerrung vorliegt (wofür es gute Gründe gibt), besteht ein möglicher Ausweg darin, die Gruppe der Internet-Nutzer (anstelle der Gesamtbevölkerung) als Zielgesamtheit anzupeilen. Man kann zwar dann nicht mehr vorhersagen, was die Deutschen insgesamt, aber immerhin noch, was die deutschen Internet-Nutzer denken. Allerdings muss man dazu *allen* Internet-Nutzern eine (gleiche[5]) Chance geben, an einer Umfrage teilzunehmen. Dies ist ein nicht zu unterschätzendes Problem: Wie lässt sich dies bewerkstelligen? Die Verwendung so genannter Access-Panels bietet eine entsprechende Möglichkeit.[6]

Sicher nicht der Fall ist dies bei Umfragen, die „einfach so" ins Netz gestellt werden und auf Teilnehmer nur hoffen und warten können. Anstatt gezielte Versuche zu unternehmen, allen Internet-Nutzern die Möglichkeit zur Teilnahme zu eröffnen, wählen sich Nutzer hier selbst – ohne Systematik – als Teilnehmer aus: Sie erfahren irgendwo von der Umfrage, entschließen sich vielleicht, die zugehörige Internet-Seite zu besuchen und nehmen eventuell sogar an der Umfrage teil. Unter solchen Umständen haben Internet-Nutzer natürlich sehr verschiedene Chancen, an einer Umfrage teilzunehmen. Der reinen Lehre der Umfrageforschung widerspricht dies – und dennoch erfreut sich gerade diese Form der Online-Umfrageforschung großer Beliebtheit, sowohl als reines Unterhaltungselement („Umfrage des Tages") als auch mit durchaus seriösem Anspruch.

Warum macht man sich also die Mühe, solche Online-Umfragen durchzuführen? Die Antwort ist einfach: *Alle* Umfragen – ob telefonisch, persönlich oder online durchgeführt – sind mit Problemen verbunden. Betrachtet man zum Beispiel eine Telefon-Umfrage, so gilt zwar, dass (nahezu) alle Bürger per Telefon erreichbar sind. Das Problem, das sich bei Online-Umfragen stellt – nämlich der systematische Ausschluss potenzieller Befragter durch die Auswahl eines nicht universell verbreiteten Mediums – stellt sich damit nicht. Dafür gibt es ein anderes Problem: Rund 50 Prozent der angerufenen Personen weigern sich, an der Umfrage, zu der sie eingeladen werden, teilzunehmen. Welches Problem gravierender ist (systematischer Ausschluss oder Teilnahmeverweigerung), lässt sich a priori nicht bestimmen und nur mittels systematischer Tests prüfen. Das Mindeste ist also, Online-Umfragen eine faire Chance zu geben.

Wahlforschung online unter www.wahlumfrage2002.de

Vor diesem Hintergrund wurde anlässlich der Bundestagswahl 2002 „virtuelle Wahlforschung" erprobt. Unter der URL www.wahlumfrage2002.de konnten Internet-Nutzer in der Zeit vom 20. August bis zum 22. September 2002, also dem Tag der Bundestagswahl, an einer Online-Umfrage teilnehmen, die sich thematisch Fragen zur Politik im Allgemeinen und der Bundestagswahl im Speziellen widmete. Der Aufbau der Umfrage sah vier Module vor – ein Kernmodul, das von allen Teilnehmern ausgefüllt werden sollte, sowie drei weitere Module, die von den Befragten je nach Interesse ausgefüllt werden konnten. Abbildung 1 zeigt zwei Screenshots der Umfrage.

Da grundsätzlich jeder an der Wahlumfrage2002 teilnehmen konnte und eine möglichst hohe Teilnehmerzahl angestrebt wurde, bestand die Hauptaufgabe zu Beginn des Projekts neben der Programmierung des Fragebogens vor allem darin, die Umfrage bekannt zu machen. Zu diesem Zweck wurden drei Wege beschritten: Erstens wurde versucht, Hinweise auf die Wahlumfrage2002 in den Medien – traditionell wie online – zu platzieren. Zu nennen wären hier beispielsweise eine Erwähnung der URL in der ARD-Sendung, die sich mit der Analyse des zweiten TV-Duells zwischen Schröder und Stoiber beschäftigte, ein Bericht im Neuen Deutschland, in der Online-Ausgabe der Financial Times Deutschland oder auch ein Beitrag bei politik-digital.de. Die zweite Maßnahme bestand darin, die Wahlumfrage 2002 an möglichst vielen Multiplikator-Stellen, also auf Politik-Portalen, in Mailing-Listen, Newsgroups oder auch Newslettern zu erwähnen bzw. zu verlinken. Drittens schließlich wurde eine Art „Schneeball-System" implementiert, kombiniert mit einem Gewinnspiel: Jeder Teilnehmer der Wahlumfrage2002, der seine E-Mail-Adresse hinterließ, nahm automatisch an einem Gewinnspiel (mit Gewinnen von 10 x 100 Euro) teil. Zudem bestand auf der Webseite die Möglichkeit, die Wahlumfrage2002 an andere Internet-Nutzer weiterzuempfehlen, wobei erfolgreiche Weiterempfehlungen die Gewinnchancen steigerten.

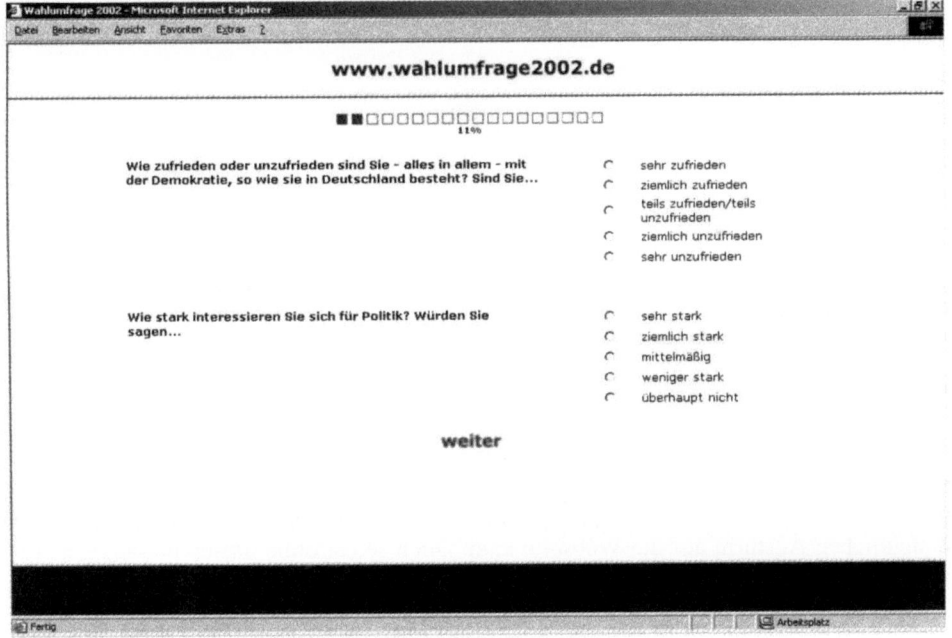

Abb. 1: Screenshots der Wahlumfrage2002

Akzeptanz: 30 000 Teilnehmer, positives Feedback

Die Anstrengungen, die unternommen wurden, um die Wahlumfrage2002 bekannt zu machen, haben zweifelsohne Früchte getragen: Insgesamt konnten während der Laufzeit der Umfrage 34 098 Einträge verzeichnet werden. Damit ist die Wahlumfrage2002, was die Fallzahl betrifft, eine der größten, wenn nicht gar die größte politische Umfrage, die in der Bundesrepublik bisher online stattgefunden hat. Zieht man davon 4 515 Einträge ab, bei denen weniger als fünf gültige Antworten zu verzeichnen waren, so verbleiben immer noch 29 583 Einträge mit mindestens fünf gültigen Antworten, die die Basis für die unten folgenden Ergebnisse bilden.

Wie verteilen sich diese Eingänge auf die Laufzeit der Umfrage? Diesen zeitlichen Verlauf – beginnend mit dem 25. August 2002[7] – zeigt Abbildung 2.

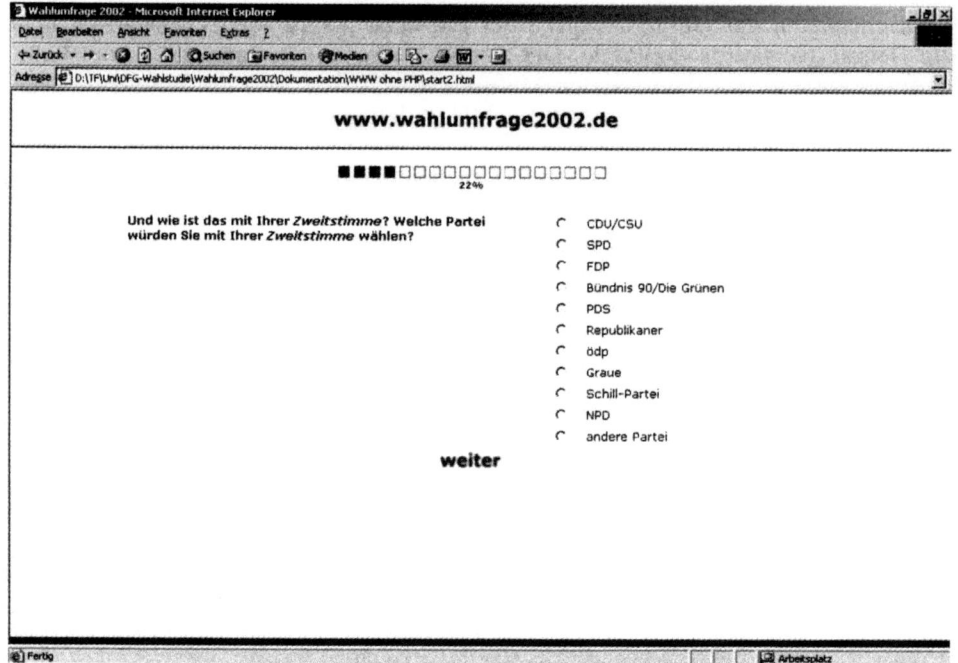

Abb. 2: Zeitlicher Verlauf der Antworteingänge

Wie aus Abbildung 2 hervorgeht, haben sich kontinuierlich über den gesamten Zeitraum hinweg Personen an der Umfrage beteiligt, im Durchschnitt 866 pro Tag. Dabei sticht der Ausschlag rund um den 9. September 2002 hervor, für den es eine einfache Erklärung gibt: Am Abend des 8. September wurde in der ARD-Sendung nach der zweiten TV-Debatte die URL www.wahlumfrage2002.de genannt, woraufhin es zum ersichtlichen Ansturm auf die Webseite kam. Doch selbst ohne diesen einmaligen Ausschlag nach oben bleiben im Mittel über 500 Teilnehmer pro Tag; die Zahl der Teilnehmer pro Tag fiel an nur einem einzigen Tag unter 200. Auch regional konnte die Wahlumfrage2002 in alle Teile der Bundesrepublik vordringen: 2,8 Prozent der Teilnehmer kamen aus Schleswig-Holstein (im Vergleich zu 3,4 Prozent aller Deutschen[8]),

13,3 Prozent aus Baden-Württemberg (14,9 Prozent), 1,9 Prozent aus Brandenburg (3,2 Prozent), 22,7 Prozent aus Nordrhein-Westfalen (21,9 Prozent), um nur einige Beispiele zu nennen: Die Abweichungen halten sich also diesbezüglich im Rahmen.

Diese Zahlen sprechen für eine hohe Verbreitung und Akzeptanz der Wahlumfrage2002. Allerdings lassen sich noch weitergehende Aussagen über die Akzeptanz der Umfrage machen. Einerseits bestand für die Teilnehmer der Umfrage nämlich die Option, sich über die Ergebnisse der Umfrage informieren zu lassen – und nur rund 600 Teilnehmer wollten explizit *nicht* über die Ergebnisse informiert werden. Im Januar 2003 wurde dann an Teilnehmer, die eine gültige E-Mail-Adresse hinterlassen haben (dies waren rund 16 000), ein Hinweis verschickt, dass auf der Seite www.wahlumfrage2002.de nunmehr umfangreiche Informationen und Ergebnisse abrufbar seien. Die Auswertung der Zugriffe der folgenden Tage ergab, dass die Startseite rund 8 000 Mal besucht wurde. Beides zusammengenommen deutet an, dass die Teilnahme an der Wahlumfrage2002 nicht nur als Pflicht verstanden wurde, sondern vielmehr auch aus intrinsischem Interesse heraus erfolgte.

Zweite Möglichkeit zur Bewertung der Akzeptanz der Umfrage ist eine Analyse der Kommentare und Rückmeldungen, die die Teilnehmer gemacht haben. Auf den Internet-Seiten der Wahlumfrage bestand nämlich die Möglichkeit, Kommentare an die Veranstalter der Umfrage zu senden. Davon machten insgesamt rund 600 Teilnehmer Gebrauch. Analysiert man diese Rückmeldungen mit einer Inhaltsanalyse, so bestätigt sich der auf Grund der hohen Teilnehmerzahl gemachte Befund: Die Wahlumfrage2002 fand hohe Akzeptanz.

Zwar bemängeln rund 40 Prozent[9] der Teilnehmer, die einen Kommentar einsandten, dass ihnen in ihren Augen wünschenswerte Antwortmöglichkeiten nicht zur Verfügung standen (beispielsweise Guido Westerwelle als gewünschter Kanzler) oder Fragen zu undifferenziert seien; dem stehen aber über 30 Prozent der Einsendungen gegenüber, die explizit Fragen und/oder Lay-out der Umfrage loben. Weiterhin wollen nochmals 15 Prozent möglichst bald Ergebnisse der Umfrage erhalten. 12 Prozent – ganz offensichtlich ein nicht zu vernachlässigender Punkt bei Online-Umfragen – weisen auf technische Probleme hin, wobei der überwiegende Teil dieser Einsendungen im Umfeld des 9. September in Folge des dortigen Ansturms und der daraus resultierenden hohen Serverbelastung erfolgte. Ebenfalls typisch für Online-Umfragen dürften Hinweise auf mögliche Datenschutzprobleme sein – immerhin verweisen darauf 2 Prozent der Rückmeldungen. Schließlich sind noch Antworten bemerkenswert, die potenzielle Effekte der Wahlumfrage2002 auf die Bundestagswahl und das politische System vermuten. Dies umfasst sowohl die eigene Person (exemplarisch etwa „hat mir geholfen, meinen eigenen Standpunkt besser zu finden") als auch eine gesellschaftliche Perspektive („Gute Sache, so kann sich jeder an Demokratie beteiligen" oder auch „Die Möglichkeit der Wahlumfrage müsste in den Medien mehr popularisiert werden, dann würden bestimmt mehr Bürger wieder zur Wahl gehen"). Ungefähr 3 Prozent der Rückmeldungen verfolgen ähnliche Stoßrichtungen. Ob diese Aussagen inhaltlich zutreffend sind, kann und soll hier nicht entschieden werden. Dennoch erscheint die Möglichkeit, über solche Umfragen die Verbindung zwischen dem politischen System und den Bürgern zu erhöhen, zumindest prüfens- und weiterer Forschungen wert.

Ein Problem besteht natürlich: Diese expliziten Rückmeldungen sind nicht notwendigerweise repräsentativ. Gleiches gilt auch für die Teilnehmer insgesamt, was oben bereits als Problem von solchen Online-Umfragen im Allgemeinen diskutiert wurde: Mehr als 30 000 Eingänge sind zwar eine stattliche Zahl, garantieren aber per se noch keine „richtigen" Umfrageergebnisse. Bisher ist nur klar, dass die Umfrage unter den Teilnehmern Akzeptanz fand. Unklar ist noch, ob die Umfrage unter *allen* Internet-Nutzern oder gar in der Bevölkerung insgesamt gleichermaßen Akzeptanz finden konnte. Dies zu klären, kann erst ein Blick auf die sozialstrukturelle Zusammensetzung der Teilnehmer sowie ihre substanziellen Antworten leisten, was nun der nächste Schritt der Analyse sein wird.

Ergebnisse der Umfrage

Wie sieht also die Gruppe der Teilnehmer der Wahlumfrage2002 verglichen mit den Internet-Nutzern sowie der Gesamtbevölkerung insgesamt aus? Die Abbildung 3 zeigt die Verteilung von Alter, Bildung und Geschlecht bei den Teilnehmern der Wahlumfrage2002, den deutschen Internet-Nutzern sowie der Bevölkerung insgesamt.[10]

Eines zeigt die Tabelle zweifelsfrei: Die Teilnehmer der Wahlumfrage2002 stellen keine repräsentative Stichprobe dar – weder für die deutsche Bevölkerung insgesamt noch für die deutschen Internet-Nutzer. Damit wird (wieder einmal) belegt, dass eine hohe Teilnehmerzahl alleine keine Garantie für eine „gute", das heißt repräsentative Stichprobe ist. Es zeigt sich vielmehr deutlich, dass sich die bekannten Verzerrungen der Online-Bevölkerung im Vergleich zur Gesamtbevölkerung bei den Teilnehmern der Wahlumfrage2002 nochmals deutlich verschärft haben. Ein Beleg dafür ist etwa, dass 56,3 Prozent der deutschen Internet-Nutzer Männer sind (im Vergleich zu nur 48,2 Prozent aller Deutschen über 15 Jahren insgesamt). Von den Teilnehmern der Wahlumfrage2002 waren aber sogar 77,9 Prozent männlichen Geschlechts. Gleiches gilt für die Altersverteilung: Die Teilnehmer der Wahlumfrage2002 sind mit einem mittleren Alter von 32,9 Jahren nochmals deutlich jünger als sowohl die Internet- (37,8 Jahre) als auch die Gesamtbevölkerung (46,4 Jahre). Noch deutlicher wird der Unterschied bei der Verteilung der Bildungsabschlüsse: 70 Prozent aller Teilnehmer an der Wahlumfrage2002 haben Abitur verglichen mit 36,5 Prozent der Internet-Nutzer bzw. nur 26,3 Prozent aller Deutschen über 15 Jahren. Der typische Teilnehmer an der Wahlumfrage2002 ist demnach also männlich, jung und hoch gebildet – und dies in einem noch viel stärkeren Maße, als es der „normale" Internet-Nutzer im Vergleich zum „Normalbürger" ohnehin schon ist.

Abb. 3: Sozialstrukturelle Zusammensetzung der Teilnehmer

	Teilnehmer der Wahlumfrage2002	Internet-Nutzer	Gesamt-bevölkerung
Geschlecht: Anteil Männer (in Prozent)	77,9	56,3	48,2
Alter: Mittleres Alter der Befragten (in Jahren)	32,9	37,8	46,4
Bildung: Anteil mit Abitur (in Prozent)	70,0	36,5	26,3

Verlässt man diese sozialstrukturelle Ebene und betrachtet substanzielle Fragen im Zusammenhang mit der Bundestagswahl 2002, so zeigen sich auch hier deutliche Unterschiede zwischen den verschiedenen Umfragen. Die Teilnehmer aller drei Umfragen wurden beispielsweise gefragt, wie sie bei der bevorstehenden Bundestagswahl wählen werden.[11] Die Tabelle in Abbildung 4 zeigt die entsprechende Verteilung der Zweitstimmen in den drei Umfragen sowie das amtliche Endergebnis der letzten Bundestagswahl.

Zunächst sei darauf hingewiesen, dass das Ergebnis der repräsentativen Bevölkerungsumfrage nah an dem tatsächlichen Wahlergebnis vom 22. September 2002 liegt. Offensichtlich werden mit dieser Umfrage – trotz aller oben skizzierten Einschränkungen auch bezüglich solcher Umfragen – tatsächlich Verhaltensabsichten und Einstellungen, die repräsentativ für alle Deutschen sind, gemessen. Zwar werden die Stimmenanteile der beiden großen Volksparteien unter-, jene der kleinen Parteien überschätzt, aber die Abweichungen liegen insgesamt in einem Fehlerbereich, der bei Umfragen mit einer Stichprobengröße von nur rund 1 500 Befragten zwangsläufig auftritt.

Wie weicht aber die Stimmenverteilung der Internet-Bevölkerung von dieser allgemeinen Verteilung ab? Beiden internet-basierten Umfragen – Wahlumfrage2002 wie auch repräsentativer Internet-Erhebung – ist gemein, dass der Anteil der Union deutlich geringer ausfällt: Nur rund ein Viertel der jeweiligen Teilnehmer gibt an, mit der Zweitstimme die Union wählen zu wollen.

Abb. 4: Verteilung der Zweitstimmen in drei Vorwahlumfragen sowie bei der Bundestagswahl 2002

	Wahl-umfrage2002	Internet-Nutzer	Gesamt-bevölkerung	Wahlergebnis 22.9.2002
SPD	29,3	39,7	38,2	38,5
Union	23,6	25,6	36,2	38,5
Grüne	21,4	14,3	9,2	8,6
FDP	18,1	11,0	8,2	7,4
PDS	4,2	4,7	5,5	4,0
Sonstige	3,2	4,7	2,6	3,0

Frageformulierung: „Am 22. September findet die nächste Bundestagswahl statt. Bei der Bundestagswahl können Sie ja zwei Stimmen vergeben. Die Erststimme für einen Kandidaten aus Ihrem Wahlkreis, die Zweitstimme für eine Partei. Wenn Sie wählen würden, wie würden Sie dann Ihre Stimmen vergeben? Dem Kandidaten welcher Partei würden Sie Ihre Erststimme geben? Und wie ist das mit Ihrer Zweitstimme? Welche Partei würden Sie mit Ihrer Zweitstimme wählen?"

Bei den übrigen Parteien muss noch einmal zwischen den beiden internet-basierten Umfragen unterschieden werden. Die Anteile der Grünen und der FDP werden zwar in beiden Umfragen überschätzt, allerdings in der Wahlumfrage2002 nochmals deutlich stärker als in der repräsentativen Online-Umfrage. Die Grünen erhalten von den Teilnehmern der Wahlumfrage2002 21,4 Prozent der Zweitstimmen, die FDP 18,1 Prozent, verglichen mit „nur" 14,3 Prozent bzw. 11,0 Prozent in der repräsentativen Online-Erhebung. Was schließlich die SPD betrifft, so weicht ihr Stimmenanteil in der repräsentativen Online-Umfrage mit 39,7 Prozent nicht weit von ihrem tatsächlichen Wahlergebnis ab. In der Wahlumfrage2002 ergeht es ihr allerdings kaum besser als der Union – sie erhält hier nur 29,3 Prozent der Zweitstimmen, wobei sich lagerinterne Verschiebungen (zwischen den Grünen und der SPD) andeuten.

Deutliche Unterschiede zeigen auch andere Größen, die über das Verhalten hinausgehen, zum Beispiel die vergleichende Betrachtung des Interesses am Wahlkampf (siehe Abbildung 5). Dies gilt insbesondere zwischen der Wahlumfrage2002 auf der einen Seite und den beiden anderen Umfragen auf der anderen Seite. Bei den Teilnehmern der Wahlumfrage2002 handelt es sich offensichtlich um eine politisch höchst interessierte und involvierte Gruppe, die sich diesbezüglich deutlich vom Rest der Bevölkerung unterscheidet. Gefragt nach der Intensität, mit der sie den laufenden Wahlkampf verfolgen, geben über 80 Prozent der Teilnehmer der Wahlumfrage2002 an, diesen „sehr intensiv" oder „intensiv" zu verfolgen. Für die Internet-Nutzer insgesamt liegt der Vergleichswert bei 46,0 Prozent, für die Gesamtbevölkerung gar nur bei 35,4 Prozent. Somit gilt hier erneut, was schon zu Beginn der Betrachtung der Ergebnisse hinsichtlich der sozialstrukturellen Zusammensetzung der Befragten festgestellt wurde: In den Ergebnissen der Wahlumfrage2002 potenzieren sich Verzerrungen, die sich ohnehin schon beim Übergang von der realen in die virtuelle Welt ergeben.

Abb. 5: Intensität der Wahlkampfverfolgung, in Prozent sowie Mittelwert

	Teilnehmer der Wahlumfrage2002	Internet- Nutzer	Gesamt- bevölkerung
Sehr intensiv (+2)	39,6	11,5	9,9
Intensiv (+1)	42,9	34,5	25,5
Teils / teils (0)	14,2	39,6	37,0
Weniger intensiv (-1)	2,8	10,9	21,3
Gar nicht (-2)	0,5	3,5	6,3
Mittelwert	1,2	0,4	0,1

Frageformulierung: „Nun noch einmal zur Bundestagswahl 2002. Wie intensiv verfolgen Sie den Wahlkampf?" mit den in der Tabelle angegebenen Antwortvorgaben.

Ausblick – Wie virtuell wird die Wahlforschung?

Wie virtuell wird also die Wahlforschung werden? Die Akzeptanz der Wahlumfrage2002 spricht für eine virtuelle Zukunft der Wahlforschung, die Ergebnisse eher dagegen. Diese weichen so deutlich von den „wahren" Ergebnissen ab (dies umfasst sowohl sozialstrukturelle Variablen als auch substanzielle Fragen wie etwa das Wahlverhalten), dass Rückschlüsse auf Basis von Online-Umfragen wie der Wahlumfrage2002 zu diesem Zeitpunkt kaum möglich erscheinen.

Damit zu enden, wäre aber ein zu pessimistischer Ausblick. Zunächst ist festzustellen, dass die Ergebnisse der Wahlumfrage2002 im Rahmen dieses Beitrags in Rohform präsentiert wurden. Das heißt, es wurden keinerlei Gewichtungen vorgenommen mit dem Ziel, die offensichtlich in der Wahlumfrage2002 enthaltenen Verzerrungen zu korrigieren. Sollten aber weitere Online-Umfragen (bzw. weitere Vergleiche zwischen Online- und Offline-Studien) ergeben, dass sich bestimmte konstante Verzerrungsmuster ergeben, so würden sich diese korrigieren lassen. Folglich könnte eine Maßnahme der nahen Zukunft sein, entsprechende Gewichtungsfaktoren zu entwickeln. Diesen Weg einzuschlagen erscheint erst recht vielversprechend, wenn man sich vor Augen hält, dass auch traditionelle Umfragen – also Telefon- und persönliche Umfragen – mit wachsenden Problemen (vor allem sinkenden Rücklaufquoten) zu kämpfen haben, wie zu Beginn skizziert worden ist.

Zudem ist der einfache Vergleich mit diesen traditionellen Umfragen ohnehin kurzsichtig. Online-Umfragen – einige Kommentare der Teilnehmer deuten dies ja an – besitzen nämlich noch ein weiteres Potenzial: Interaktivität. Ob sich damit tatsächlich die Rückbindung des politischen Systems an die Bürger erhöhen lässt, wird die Zukunft zeigen. Sollten sich aber in der Tat Korrekturmechanismen entwickeln lassen, die die in Online-Umfragen enthaltenen Verzerrungen korrigieren können, so stellen Online-Umfragen einen möglichen Weg der Beteiligung der Bürger am politischen Prozess dar. Vorstellbar wären etwa Online-Umfragen – möglicherweise auch gezielt in bestimmten, betroffenen Zielgruppen – im Gesetzgebungsprozess, um frühzeitig relevante Meinungen zu erfahren. Ähnliche Maßnahmen werden derzeit schon in Großbritannien eingesetzt,[12] allerdings eher mittels so genannter Online-Konsultationen, die eine begrenzte Reichweite haben. Online-Umfragen hätten dieses Problem nicht. Sie weiter zu erforschen, erscheint gerade auch in dieser Hinsicht lohnenswert.

Anmerkungen

1 Herzlicher Dank gebührt Dr. Andreas Wüst für seine hilfreichen Anregungen und Kommentare, zudem Nadine Philipp und Daniel Steiner, die mich bei der Aufbereitung der eingegangenen Feedbacks unterstützt haben.

2 Einen Überblick über die aktuelle Diskussion zum Thema „Online-Wahlen" bieten u.a. die Beiträge in Hubertus Buchstein/Harald Neymanns (Hg.): Online-Wahlen. Opladen: Leske + Budrich 2002.

3 Vergleiche folgende Beiträge zu den Online-Komponenten der jeweiligen nationalen Wahlstudien:
USA: Jon A. Krosnick/LinChiat Chang: A Comparison of the Random Digital Dialing Telephone Survey Methodology with Internet Survey Methodology as Implemented by Knowledge Networks and Harris Interactive. Konferenzpapier anlässlich des 98. Annual Meeting der American Political Science Association (APSA) in Boston, 26. August bis 1. September 2002, abrufbar unter http://apsaproceedings.cup.org/Site/abstracts/040/040001KrosnickJo.htm.
Australien: Rachel Gibson/Ian McAllister: The Future of National Election Surveys? Evaluating Online Election Surveys in Australia. Konferenzpapier anlässlich des 98. Annual Meeting der American Political Science Association (APSA) in Boston, 26. August bis 1. September 2002, abrufbar unter http://apsaproceedings.cup.org/Site/ abstracts/040/040001 GibsonRach.htm.
Großbritannien: David Sanders/Harold Clarke/Marianne Stewart/Paul Whiteley/Joe Twyman: The 2001 British Election Study Internet Poll: A Methodological Experiment. Konferenzpapier anlässlich des 98. Annual Meeting der American Political Science Association (APSA) in Boston, 26. August bis 1. September 2002, abrufbar unter http://apsaproceedings. cup.org/Site/abstracts/040/ 040001TwymanJoe0.htm.

4 Für weitergehende Informationen zu Online-Umfragen (inklusive weiterer Literaturhinweise) siehe Matthias Schonlau/Ronald D. Fricker, Jr./Marc N. Elliott: Conducting Research Surveys via E-mail and the Web. Santa Monica: RAND 2002, auch abrufbar unter: http://www. rand.org/publications/MR/MR1480.

5 Genau genommen muss die Chance (oder Wahrscheinlichkeit) nicht gleich, sondern nur bekannt und größer als Null sein.

6   Unter einem Access-Panel versteht man eine Gruppe von Internet-Nutzern, die sich bereit erklärt haben, an Online-Umfragen teilzunehmen. Um diese zu rekrutieren, werden im Rahmen von Telefon- oder persönlichen Umfragen, die den Anspruch erheben können, repräsentativ für die Gesamtbevölkerung zu sein, Internet-Nutzer identifiziert und gebeten, sich für zukünftige Online-Umfragen zur Verfügung zu stellen. Die Gruppe derer, die sich tatsächlich bereit erklären, bildet das „Access-Panel". Aus diesem Panel können dann für eine bestimmte Online-Befragung Personen zur Teilnahme eingeladen werden. Theoretisch hat hier jeder Internet-Nutzer eine (mehrstufige) Chance, an einer Umfrage teilzunehmen: Zunächst hat er eine Chance, Teil der telefonischen oder persönlichen Umfrage zu werden, wodurch er Mitglied des Access-Panels wird, aus dem er dann wiederum für bestimmte Umfragen ausgewählt werden kann.

7   Die Erfassung des Datums wurde erst am 25. August 2002 implementiert.

8   Stichtag: 31. Dezember 2000.

9   Wegen der Möglichkeit der Mehrfachnennung addieren sich die folgenden Prozentzahlen auf mehr als 100 Prozent.

10 Die folgenden Zahlen für die deutschen Internet-Nutzer sowie die Bevölkerung insgesamt stammen aus zwei weiteren Umfragen, die anlässlich der Bundestagswahl 2002 durchgeführt wurden. Dabei handelt es sich einerseits um eine repräsentative Befragung der deutschen Internet-Nutzer, die in der Woche vor und in der Woche nach der Wahl vom Meinungsforschungsinstitut INRA durchgeführt wurde, wobei insgesamt 1165 Internet-Nutzer aus dem Access-Panel von INRA (siehe auch Anm. 4) im Rahmen einer Online-Umfrage befragt wurden, andererseits um eine repräsentative Bevölkerungsumfrage, die ebenfalls von INRA vor der Bundestagswahl durchgeführt wurde und in deren Rahmen in der Zeit vom 12. August bis 21. September 2002 1669 Bundesbürger in persönlichen Interviews befragt wurden.

11 Die Befragten aus dem Access-Panel von INRA, die nach der Wahl befragt wurden, sind zu ihrem zurückliegenden Wahlverhalten gefragt worden.

12 Vgl. etwa Nicola Hall: Building Digital Bridges. Creating Inclusive Online Parliamentary Consultations. London: Hansard Society 2001.

Rezensionen

Erwin Staudt (Hg): Deutschland online. Standortwettbewerb im Informationszeitalter. Projekte und Strategien für den Sprung an die Spitze. Berlin u.a.: Springer Verlag, 2002, 243 Seiten, 24,95 EUR, ISBN 3-5404-3435-6

Bernward Baule

Wer geglaubt hatte, mit der Informationsgesellschaft sei es seit dem großen Börsensturz mitsamt dem Massensterben von New-Economy-Unternehmen vorbei, der irrt. Die eigentliche „elektronische Wirtschaft" steht uns erst noch bevor. Darauf weist Erwin Staudt, Vorsitzender der Geschäftsführung der IBM und Mitinitiator der Initiative D21, ausdrücklich hin. Er – wie auch die anderen prominenten Autoren, die er in dem Band versammelt – zeigen in durchaus anregender Weise auf, dass E-Commerce, virtuelle Ökonomie, internetgestützte Produktion, E-Business, Mikroelektronik und Telekommunikation ausgesprochen große Innovations- und Produktivitätspotenziale haben. In der entstehenden Dienstleistungs- und Wissensgesellschaft wird es entscheidend sein, wer als erstes über dauerhafte neue Produktivität durch den Einsatz der modernen IuK-Techniken verfügt. Das gilt im Übrigen auch für die anderen Bereiche, in denen Innovationen anstehen: E-Government, E-Learning, E-Health. In den nächsten Jahren wird, so Staudt, die Entscheidung fallen: Werden wir immer weiter im internationalen Wettbewerb zurückfallen, oder schaffen wir es, auf dem Feld der Informations- und Kommunikationstechnologie eine Führungsrolle zu erarbeiten?

Die bisherige Bilanz in Deutschland auf zentralen Zukunftsfeldern ist durchaus ernüchternd. Bisher liegt das Land unter dem internationalen Durchschnitt – obwohl gerade von einem Spitzenplatz in Wissenschaft und Wirtschaft der bundesdeutsche Wohlstand abhängt. Für die Wirtschaft ergeben sich im E-Commerce erhebliche Innovations- und Einsparpotenziale. Der Staat kann im E-Government nicht nur Kosten sparen, sondern auch die Menschen als Kunden und als Bürger ansprechen. Die diesbezügliche Initiative Bund online 2005 hat sich zum Ziel gesetzt, in den nächsten drei Jahren alle internetfähigen Dienstleistungen der Bundesverwaltungen online bereitzustellen und damit einen wichtigen Anstoß für Standardisierung und Effizienzgewinne bei Ländern und Gemeinden zu geben. Bisher allerdings sind die E-Government-Angebote in Servicequalität und Angebotsbreite wesentlich schlechter als in den führenden Ländern. Deutschland liegt zurzeit nur auf Platz 15 von untersuchten 22 Ländern. Inwieweit sich darüber hinaus wirklich umfassende partizipatorische Potenziale über Online-Wahlen, politische Chats und Internet-Befragungen ergeben, ist noch offen; hier ist noch alles in der Erprobungsphase.

Die Schule wird sich ebenfalls über das Internet-Lernen verändern. Innerhalb von fünf Jahren wurden die Schulen flächendeckend mit Hardware und Internetzugängen ausgestattet. Auch für Weiterbildungsträger und Unternehmen, die das künftige „lebenslange Lernen" institutionell aufbauen müssen, ergeben sich vielfältige neue Möglichkeiten, gerade auch weil bisher der Großteil der E-Learning-Unternehmensanbieter über ein Qualitätsmanagement verfügen. Am wenigsten entwickelt ist bisher der E-Health-Bereich. Allerdings werden die elektronische Kundenkarte, das E-Rezept, der elektronische Arztbrief und andere Telematik-Projekte intensiv diskutiert. Vielleicht werden bald Haus, Heim, Selbsthilfegruppen, Arztpraxis und Krankenhaus miteinander vernetzt sein und tatsächlich die „Akten laufen" anstatt die Menschen. Doch das ist noch Zukunftsmusik.

Wie überall gibt es auch in Deutschland noch einige Hürden zu nehmen, bevor das goldene Informationszeitalter ausbricht. Dazu gehören nicht nur bürokratische Hürden, sondern auch die Tatsache der „Digital Divide". Bisher waren rund 44 Prozent der Deutschen regelmäßig auf der Datenautobahn unterwegs. Im kommenden Jahr sollen 56 Prozent der Bundesbürger online sein. Aber rund die Hälfte wird dann noch immer keine Internetkommu-

nikation pflegen oder online einkaufen. Hier werden seitens des Staates wie der Wirtschaft noch viele Anstrengungen erforderlich sein.

Es ist ein großer Verdienst des Bandes, dass er deutlich macht, welche großen Potenziale in der Entwicklung des elektronischen Bereichs in den unterschiedlichen Feldern von Ökonomie, Verwaltung, Schule und Sozialstaat liegen. Wer um den aktuellen Stand in einem der wichtigsten Innovationsfelder von Wirtschaft, Staat und Gesellschaft sachlich und kompetent informiert werden will, sollte zu diesem Buch greifen. Vielleicht tragen die Anstöße der Autoren dazu bei, dass sich die Transformation in die Wissensgesellschaft schneller als bisher vollzieht. Denn eines ist gewiss: Ob wir wollen oder nicht – die informationstechnologische Revolution wird unsere gewohnte Wirtschafts- und Lebensweise verwandeln. Deshalb sollte man den Rat Albert Schweitzers annehmen: „Keine Zukunft vermag gut zumachen, was du in der Gegenwart versäumst".

Daniel Egloff: Digitale Demokratie. Mythos oder Realität? Auf den Spuren der demokratischen Aspekte des Internets und der Computerkultur. 2. Auflage. Wiesbaden: Westdeutscher Verlag, 2002, 262 Seiten, 31,90 EUR, ISBN 3-531-13813-8

Alexander Siedschlag

Emanzipiert das Internet seine Nutzer? Nein, argumentiert Daniel Egloff: Demokratische Computerkultur sei eher ein Widerspruch in sich. Eigentlich beherrsche nämlich eine von kommerziellen Interessen getragene Hierarchisierung die digitale Welt. Egloff führt dieses Argument in mehreren Wirklichkeitsfeldern des Internets durch: Softwarecode, digitales Urheberrecht, die Verquickung marktwirtschaftlicher Erwägungen mit dem „demokratisch-freiheitlichen Charakter" (S. 196) des Open-Source-Gedankens und der Peer-to-Peer-Vernetzung (d.h. Nutzer-zu-Nutzer-Kommunikation wie beispielsweise bei der Musik-Tauschbörse Napster) als seiner Meinung nach letzte Bastion des Gründungsgedankens des Internets als „Netz zwischen kommunikativen Menschen, die das gemeinsame Interesse haben, Informationen und Wissen zu teilen, frei aller Restriktionen." (S. 245)

Gegen solche politisch engagierte Politikanalyse ist nichts einzuwenden, doch die Erfah-

rung der amerikanischen Internetforschung zeigt, dass man sie nicht übertreiben sollte. In den USA ist die Anfangseuphorie, die das Internet zum vornehmsten Instrument einer „strong democracy" (Benjamin Barber) hochstilisierte, zwischenzeitlich zumeist in ebenso überzogene Resignation gemündet, in der sich die Forschung auf die unpolitische Empirie irgendwelcher Nutzungsstatistiken verstärkt. Indes ist Egloffs Urteil unbestreitbar, dass sowohl die Content-Industrie als auch netzpolitische Großakteure die Popularisierung der Online-Kommunikation dazu genutzt haben, sie vor allem unter dem Vorzeichen der Unidirektionalität voranzutreiben – ohne Rückkopplungskanal und ohne besondere Sensibilität gegenüber Bedürfnissen des allgemeinen Nutzers. In Deutschland gilt das nicht nur für große Medienkonzerne, sondern auch für regierungsamtliche E-Politics – ein Aspekt, dessen Berücksichtigung das Buch noch bereichert hätte.

Trotz aller Relevanz von Egloffs Fragestellung ist die implizite Leitthese des gesamten Werkes nicht unbedingt plausibel, die da lautet: Das Partizipationspotenzial und die Möglichkeit der allgemeinen Stärkung der Demokratiekultur, die das Internet eröffnen, können sich entweder technikbedingt nicht verwirklichen oder werden von mächtigen Netzakteuren in Instrumente des Eigennutzstrebens umgemünzt. Gleichwohl ist in diesem etwas überzogenen Argumentationsduktus viel an nützlicher, weiterführender Klärung enthalten. So erläutert Egloff nicht nur die internettechnischen Grundlagen seiner Fallbeispiele durchwegs sehr gut verständlich, sondern hinterfragt auch kritisch Begriffe, die in den meisten Diskussionen über das Demokratiepotenzial der neuen Medien zu jargonhaft verwendet werden. Beispielhaft ist etwa die begriffskritische Auseinandersetzung mit „Interaktivität" (S. 46-50).

Besonders weiterführend – sowohl politisch als auch konzeptionell – sind Egloffs Überlegungen zu den „demokratierelevanten Aspekten" von Software (S. 46-50). Erst später im Buch, aber eng damit verbunden, setzt er sich kritisch mit der hochinteressanten These auseinander, das Internet ermögliche eine direkte Verwirklichung „poststrukturalistischer Standpunkte" (S. 61-67). Diese These besagt, kreative Menschen könnten durch das Internet direkt zu „Schöpfern" werden, ohne Konzessionen an die Tradition und ihre Gate-Keeper machen zu müssen. Hypertext entspreche dabei ziemlich gut der „postmodernen Vorstellung der Instabilität und Vielstimmigkeit des Textes und des Verschwindens des Unterschieds zwischen Autor und Leser." (S. 61) Um der Art des Demokratisierungspotenzials des Internets genauer nachzugehen, wählt Egloff so genannte Autoren-Software als Beispiel. Sie ermöglicht es prinzipiell jedem, eine Romanwelt zu erschaffen und damit an die (Netz-)Öffentlichkeit zu treten, ohne den Grenzen des althergebrachten Literaturvertriebs unterworfen zu sein – aber auch, ohne jeder Qualitätsbeurteilung (durch Lektoren und Verlage) zu unterliegen. Möglicherweise übersieht Egloff dabei allerdings, dass kreative Freiheit keineswegs sofort mit Qualität – vor allem nicht mit demokratischer Qualität von Meinungsäußerungen – gleichgesetzt werden darf.

Netz-Demokratie einfach als Freiheit von Normen zu definieren (und zu propagieren), ist der Sache nicht dienlich. Je mehr man mittels der interaktiven Potenziale des Internets die Idee einer Beteiligungsdemokratie voranbringen

möchte, desto mehr sollte man sich der bewährten Einsicht erinnern, dass ein Mehr an Partizipationschancen auch ein Mehr an Checks and Balances erfordert. Nur so können unterschiedliche Ansprüche und Interessen im Gleichgewicht oder im Prozess wechselseitig mäßigender Konkurrenz gehalten werden. Ansonsten besteht die Gefahr, dass aus netzbasierten Gleichberechtigungschancen *rücksichtslose* Kreativität wird, die unter Demokratie nur noch das libertäre Recht versteht, die Welt nach Gutdünken durch Eigeninitiative prinzipiell schrankenlos zu verändern. Dieses fatale Motiv scheint durch Egloffs Argumentation wohl ansatzweise durch. Vor allem da, wo er die Idee einer komplett hierarchielosen „interaktive Fiktion" in Online-Romanwelten anspricht, in der sich sowohl Autoren als auch Leser voll ihrer „Emanzipation" widmen können (S. 47). Digitales „Empowerment" allein, d.h. „Computerprogramme, die die Handlungsmacht der Individuen stärken" (S. 49), genügt jedoch beileibe nicht.

Allerdings ist Egloffs Emanzipations-Argument nun auch wieder nicht völlig überzogen, wenn man etwa an den zunehmenden Trend zu E-Politics denkt. E-Politics bedeutet, dass sich staatliche Informationsstellen (in Deutschland zum Beispiel in eklatanter Weise das Presse- und Informationsamt der Bundesregierung) an demokratisch essenziellen Gate-Keepern – vor allem den Massenmedien – vorbei einen direkten, filterlosen und kritikimmunen Informationskanal zum Bürger verschaffen wollen. Das Anliegen, Politik „interaktiver" zu machen, erscheint dann wirklich nur noch vorgeschoben, weil es im Grundsatz vielmehr darum geht, Informationsmacht zu gewinnen und den Bürgern letztendlich digitale Informationsautorität zu nehmen, statt sie ihnen zu eröffnen. So verbleibt, wie das Egloff am seinem Beispiel der fiktiven Romanwelten im Internet festmacht, die „Oberaufsicht" über die Ausübung vorgeblich interaktiver und kreativitätsoffener Mitwirkungsmöglichkeiten oft genug beim „Initiator", der meist peinlich darauf achtet, dass sich die „Interaktivität" im „(Re-)Arrangieren vorgefertigter Elemente und Regeln" erschöpft (S. 48). Die Nutzer sind dann darauf zurückgeworfen, Impulse geben, aber sich nicht produktiv in die Weiterentwicklung des virtuellen Rahmenwerks einbringen zu können.

Gerade das demokratiediskursive Potenzial des Netzes liegt jedoch nicht darin, die Nutzer auf ihre Rolle als Nutzer festzunageln und mit bestimmten politischen Interessen dienlichen Informationen zu versorgen, sondern ver-schiedene, auch quer zu einander liegende Lese- und Interpretationsebenen zu ermöglichen, ohne allein der Informationsstruktur nach eine bestimmte Lesart oder Bedeutung zu forcieren. Dazu, die Möglichkeit solcher „disseminierender" Leseversionen (Jacques Derrida) zu eröffnen, wäre das Internet mit seiner Hypertext-Struktur ideal geeignet. Die übergeordnete Vernetzungs-Struktur jedoch, so Egloff nüchternes Fazit hierzu, ermögliche kaum eine Nutzung der Chancen, das Verhältnis zwischen „Autor" und „Leser" im Internet zu demokrati-

sieren. Faktisch führe das Internet vielmehr zur Stärkung der „Autorenmacht" (S. 67).

Die Frage nach dem Zusammenhang zwischen Internet und Macht, Internet und Demokratie etc. ist nun nichts Neues mehr, aber das Buch eröffnet innovative, durchwegs kritik-*würdige* Perspektiven zu diesem Thema. Dies sogar dann, wenn man die etwas unrealistischen, herrschaftskritischen politischen Maßstäbe und die Demokratieromantik, die immer wieder durch Egloffs Argumentation hindurchscheinen, nicht teilt.

Marco Althaus/Vito Cecere (Hg.): Kampagne! 2. Neue Strategien für Wahlkampf, PR und Lobbying. Münster u.a.: LIT-Verlag, 2003, 462 Seiten, 24,90 EUR, ISBN 3-8258-5995-9

Sebastian Sigler

Kein geringerer als der wahlkampferfahrene CDU-Stratege Peter Radunski hat das Geleitwort verfasst. Das ist praktizierte Ausgewogenheit, denn die Idee zu „Kampagne! 2" entstand nach Auskunft der Autoren auf einem roten Sofa in der Konferenzecke der Niedersachsen-Kampa, die Sigmar Gabriel zur Wiederwahl zu führen versucht.

Im ersten Essay klärt Marco Althaus die Legende von der „Amerikanisierung" der Wahlkämpfe auf. Unterfüttert von drei in Europa zu beobachtenden Beispielen kann er belegen, dass es sich in Wirklichkeit um eine Internationalisierung handelt. Die Zuspitzung „Image ist alles, Inhalt ist nichts" lässt sich, wenn sie als legitim gesehen wird, auf den Wahlkampf zwischen Jacques Chirac und Lionel Jospin in Frankreich anwenden. Damit deckt der Autor auch eine Schwäche dieses häufig mit Kurzformeln und Schlagworten einhergehenden Wahlkampfstils auf: In die Stichwahl in Frankreich kamen nämlich Chirac – und Jean-Marie Le Pen. Auch Letzterer hatte mit Kurzformeln geworben und damit offenbar radikale und einseitige Tendenzen verschleiert. Auch für Italien, wo Silvio Berlusconi gewann und für Spanien, wo Jose-Maria Aznar gewählt wurde, kann Althaus die Verkürzung der Argumentationsketten nachweisen. In einem eigenen Absatz untersucht Bernd Becker im Anschluss die Kampagne von Tony Blair in Großbritannien. Er konstatiert eine deutliche Übertreibung der Beeinflussung von

Medien und Öffentlichkeit und kommt zu dem interessanten, ja, beunruhigenden Ergebnis, dass dies eine Lähmung auslöst. So bekommen seine Schlussfolgerungen den Charakter einer Warnung.

Vito Cecere formuliert in seiner Untersuchung, die sich mit der Positionsbestimmung bei Union und SPD beschäftigt, einen quasi das Ergebnis vorwegnehmenden Zwischentitel: „Der Tanz um die goldene Mitte". Ob die CDU reklamiert, „mitten im Leben" zu stehen, oder ob die SPD auf eine Deutschlandfahne schreibt, in Deutschland sei die Mitte rot – es geht also darum, in der Mitte zu sein. Dem Autor gelingt es, durchscheinen zu lassen, dass dies oft genug auch Mittelmaß ist, ohne dabei den „Kanzler der Mitte" zu beschädigen.

Eher theoretisch und etwas spröde sind die Themen „Management der Konfrontation" und „Krisenkommunikation" aufgelöst, lebensnäher und damit auch spannender sind die Aufsätze, die sich mit der Umfrageforschung und dem Erreichen des Wählers beschäftigen, dem „Desktop Targeting".

Ein breit angelegter Mittelteil des Buches ist den Kampagnen der einzelnen Parteien im Bundestagswahlkampf gewidmet. Unerwartet – im Titel werden schließlich „neue Strategien" angekündigt – ist der stark in den Vordergrund tretende Erzählcharakter der fünf Essays. Sicherlich wird hier aber eine Standortbestimmung gegeben, die bei späteren Kampagnen als nützliche Materialsammlung dienen kann. Sicherlich weit zukunftsweisender ist ein nur zwölf Seiten starker Bericht über die Jungwählerkampagne der „Wahl Gang" von Daniel Holefleisch. Der von zwei Millionen – vorwiegend jungen – potenziellen Wählern genutzte „Wahl-O-Mat", Ansprache per SMS, eine auf die Sprache von Jugendlichen eingehende und entsprechend getextete Plakatserie: hier werden Modelle für zukünftige Wahlkämpfe beschrieben, denn diese Modelle sind offenkundig erfolgreich. Holefleichs Fazit: „Wegen der Wahl Gang sind mehr Erstwähler zur Wahl gegangen."

Sehr informativ und ausführlich beschreibt Marco Althaus die Rolle der visuellen Kommunikation während des Bundestagswahlkampfs 2002. Nicht nur diejenigen, die in den visuellen Medien arbeiten, werden hier hochinteressiert lesen. Eher dokumentarisch sind dagegen die Beschreibungen der Internet-Kampagnen von SPD und CDU, doch trotz des deskriptiven Charakters wird eine aussagefähige Einschätzung möglich. Eine sehr strukturierte Analyse der Stärken und auch der Grenzen des Internets als Instrument für virtuelles Informationsmanagement liefert im Anschluss Alexander Bilgeri. Sein Beitrag leitet über zu einer Reihe von Beiträgen, die sich mit den Mög-

lichkeiten elektronischer Datenverarbeitung für Wahlkämpfe beschäftigen. Ob es wie bei Axel Wallrabenstein um den Wandel des Berufsbilds in Lobbyarbeit und PR zum Positiven geht oder wie bei Dominik Meier um die Definition des Politikberaters als Berufsfeld: hier geht es in kurzen, auf den Punkt geschriebenen Beiträgen um die Zukunft von Wahlkämpfen und Kampagnen. Daniel Dettling schließt den Band mit einem kurzen Beitrag über Think Tanks in der Politikberatung.

Insgesamt bietet „Kampagne! 2" eine Fülle von Anregungen und lässt in der Gesamtschau eine Prognose über die Gestalt zukünftiger Wahlkämpfe zu. Darin liegt sein Verdienst. Die recht lang gehaltenen Beschreibungen des Bundestagswahlkampfes 2002 offenbaren ihren Nutzen nicht auf den ersten Blick – sie sind eher für Spezialisten geeignet, die zum Beispiel bestimmte Parteien beobachten. Bemerkenswert ist die Rolle des Internets, das zum vollwertigen Wahlkampfmedium avanciert ist, und bemerkenswert ist dieses Buch, das diese Rolle zu beschreiben und zu würdigen in der Lage ist. Kampagne! 2 sollte bei Wahlkampfprofis und Politikberatern nicht im Bücherschrank fehlen.

Gerd Strohmeier: Moderne Wahlkämpfe – wie sie geplant, geführt und gewonnen werden. Baden-Baden: Nomos Verlag, 2002, 384 Seiten, 29,- EUR, ISBN 3-7890-8061-6

Alexander Bilgeri

Eine wissenschaftliche Arbeit hat Gerd Strohmeier verfasst. Dieser unmissverständliche Eindruck ergibt sich schon bei der Lektüre des ausführlichen, aber in seiner Gründlichkeit jedoch unübersichtlichen Inhaltsverzeichnisses. Schon hier wird klar: von allen Seiten, unter allen Aspekten werden Kampagnen, die zu Wahlsiegen führen sollen, beleuchtet. Als Zeitraum wählt Strohmeier die neunziger Jahre, in denen es Parteien aus dem Mitte-Links-Spektrum in den USA, Großbritannien und Deutschland geschafft haben, konservative Regierungen mithilfe neuartiger Wahlkampfstrategien in die Opposition zu verbannen. Doch der Autor bleibt dem Leser auch die aktuellste Entwicklung nicht schuldig, Beleg dafür ist die Behandlung der Bush-Kampagne des Jahres 2000.

In einer sehr genauen Analyse untersucht Strohmeier im ersten Teil des Buches die theoretische Konzeption moderner Wahlkämpfe. Er durchdringt dabei die Materie so weit, dass die Grundlagen einer erfolgreichen Kampagne und ihre logische Herleitung transparent und nachvollziehbar werden. Eine – eher beiläufig eingestreute – Kernthese ist dabei, dass das Polit-Marketing für die Wahlkämpfe immer weniger in der Hand der Parteien als Ideologieagenturen und immer mehr in der Hand von Verkaufsstrategen liegt. Strohmeiers Analyse lässt keine Wünsche offen: Wer eine Wahl zu bestehen, einen Wahlkampf zu führen hat, findet eine Fülle nützlicher Ansätze, zum Beispiel im Abschnitt 2.2.1.5.5 und 2.2.1.5.6: hier geht es um die Stabilisierung und Akquise der verschiedenen

Wählertypen und ihre Mobilisierung. Dass Strohmeier tatsächlich auf der Höhe der Zeit ist, belegt er durch die Behandlung der Themen „Agenda Building" und „Agenda Setting".

Im zweiten Teil des Buches überprüft Strohmeier die theoretischen Grundlagen anhand von Fallstudien. Das erste Beispiel ist der Sieg Bill Clintons im Jahre 1992, mit dem er das Weiße Haus von Amtsinhaber George Bush sen. übernahm. Auf 46 Seiten – eigentlich eine eigene, vollständige Studie – wird dieser historische Sieg analysiert; historisch deshalb, weil es in der über 200-jährigen Geschichte der amerikanischen Demokratie erst das dritte Mal war, dass ein Amtsinhaber abgewählt wurde. Als entscheidende Faktoren arbeitet der Autor das „äußerst professionell arbeitende Wahlkampfmanagement", die verstärkte Wechselwählerakquisition und die richtig erkannte, wachsende Bedeutung neuer Formen der medialen Darstellung des Kandidaten heraus. Dies gelingt ihm überzeugend.

Die zweite Fallstudie ist die Blair-Kampagne in Großbritannien des Jahres 1997. Der Autor stellt sie quasi selbsterklärend unter die Überschrift „Von Labour zu New Labour". Die Hoffnung auf einen Neuanfang konnte demnach die Angst vor ebendiesem Neuanfang besiegen. Als bemerkenswertes Faktum nennt er die Internet-Nutzung im Vorfeld der Wahlentscheidung: Während auf die Site von New Labour vier Millionen Mal zugegriffen wurde, verzeichneten die Tories nur 500 000 Hits auf ihrem Web-Angebot.

Aspekte, die in der allgemeinen Bewertung nicht unbedingt im Vordergrund stehen, arbeitet Strohmeier bei der Analyse der Schrö-

der-Kampagne des Jahres 1998 heraus. Schon die parteiinterne Auseinandersetzung zwischen Schröder und Lafontaine habe der Wahrnehmung der SPD insgesamt genutzt. Doch dann nennt er Strategien der SPD, die zwar erfolgreich waren, sich in der nüchtern-wissenschaftlichen Aufzählung wenig schmeichelhaft hervorheben: Pseudo-Ereignisse habe die SPD-Kampa inszeniert, ihre Plakate hätten sich genau an die aus der Wirtschaft bekannten Regeln gehalten. Diese Kritik verlässt dabei nie den Boden der nüchternen, abwägenden Betrachtung und ist daher über Zweifel an ihrer Glaubwürdigkeit erhaben.

Wie eine konservative „Kampa" auf die neuen Entwicklungen der neunziger Jahre reagierte, verdeutlicht Strohmeier mit einer abschließenden vierten Fallstudie, einer Analyse der erfolgreichen Kampagne, mit der George Bush jun. das Präsidentenamt von den Demokraten zurückgewann. Der Autor zeigt auf, wie eine Kampagne auf der vorherigen aufbaut. Darin liegt eine wissenschaftliche Leistung, die dieses Buch zu einem wichtigen Kompendium für die Wahlkampfmanager der nahen und mittleren Zukunft macht. Die Kommunikation ist es dabei, die sich am deutlichsten fortentwickelt, und darunter sind auch die fast schon skurrilen Formen der Zielgruppenansprache, die Strohmeier dem Leser in konzentrierter Form darbietet: „So spielte Bill Clinton Saxophon, Tony Blair Gitarre, Gerhard Schröder in ‚Gute Zeiten, schlechte Zeiten' und George W. Bush sich selbst." Der Leser schmunzelt, und das ist wohl beabsichtigt. Diese wichtige Studie ist von der ersten bis zur letzten Seite zwar lesenswert, in ihrer Komplexität aber eine echte „Profi-Lektüre".

Otto Altendorfer/Josef Hollerith/Gerd Müller (Hg): Die Inszenierung der Parteien am Beispiel der Wahlparteitage 2003. Eichstätt: Media Plus Verlag, 2003, 397 Seiten, 19,80 EUR, ISBN 3-0001-1088-7

Sebastian Sigler

Fernsehgerechte Inszenierungen, pompöse Dekorationen, eine raffinierte Regie. Die großen Treffen der bundesdeutschen Parteien haben in den letzten zehn Jahren ein neues Gesicht bekommen. Wie so vieles kam auch diese Entwicklung aus Amerika, und spätestens seit dem Bundestagwahlkampf hat sich die Bedeutung

der politischen Bühne nochmals dramatisch verändert. So konstatieren es Otto Altendorf, Inhaber des Lehrstuhls für Publizistik und Kommunikationswissenschaft an der Hochschule Mittweida, der Unternehmer und Politiker Josef Hollerith und der Bundestagsabgeordnete Gerd Müller. Allerdings leben wir deshalb noch keinesfalls in einem neuen politischen Äon. Vielmehr handelt es sich, so die Autoren, um einen „deutschen Versuch parteilicher Inszenierung", und zwar um einen noch verbesserungsbedürftigen und ausbaufähigen.

Den Anfang des Sammelbandes macht Otto Altendorfer mit einem kurzen Abriss über die Geschichte der Wahlkämpfe im vorigen Jahrhundert. Dabei blendet er auch Tiefpunkte wie das Dritte Reich nicht aus, sondern entwirft eine große Linie. Das dient dem Verständnis der nachfolgenden Aufsätze und zeigt zudem den Beginn der Zeit auf, in dem das Internet zu einem zentralen und unverzichtbaren Mittel des Wahlkampfes geworden ist. Josef Hollerith vergleicht im Anschluss das Fernsehduell in seiner Funktion für den US-amerikanischen und den europäischen Wahlkampf und arbeitet Stärken und Grenzen dieses Instruments zutreffend heraus. Gerd Müller mahnt in einem Essay die Verantwortung des Journalismus gegenüber der Allgemeinheit an. Er warnt vor einer „Informationsflut ohne Bildungswert". In diesem Teil des Buches, der mit „Medien – Wahlkämpfe – Wahlbürger" überschrieben ist, findet der Leser darüber hinaus eine Vielzahl von wertvollen Erkenntnissen über die Bedeutung der Mediennutzung und über die Macht der Meldungsmacher, der Journalisten.

Leider wurde bei der Ausstattung des broschierten Buches an der Ausstattung gespart. So sind die durchaus interessanten Diagramme und Schaubilder, die insbesondere den Aufsatz von Klaus Liepelt und Markus Rettich, „Wahlparteitage und Meinungsklima im Wahljahr 2002", ergänzen, teilweise fast nicht zu entziffern. Beim folgenden Aufsatz von Ben Webster, einem Nachwuchsforscher aus den USA, wäre das Geld für einen Übersetzer gut investiert gewesen. Nicht, dass Webster schlecht schriebe, aber ein englischsprachiger Aufsatz in einem ansonsten auf Deutsch verfassten Band bedeutet noch keinen Beleg für internationales Format. Geradezu passend attestiert Dariush Barsfeld direkt im Anschluss den Spitzenkandidaten im Bundestagswahlkampf 2002 eine erschreckendes Maß an Distanz zu internationalem, zumal amerikanischem Wahlkampfformat. Was für den Band „Die Inszenierung der Parteien" insgesamt so aber nicht gesagt werden kann, denn der Vergleich zwischen hüben und drüben, zwischen

Europa und Nordamerika, ist in der Gesamtschau der Aufsätze durchaus erhellend.

Lesenswert ist die Kurzanalyse von Otto Altendorfer über den Aufbau der verschiedenen Parteitage, mit der Kapitel V eingeleitet wird. Er kommt zu klaren Benotungen, wobei die SPD bei Altendorfer einen Grund für ihren hauchdünnen Wahlsieg finden könnte: sie erhielt als einzige Partei die Note „1" für ihre Konzeption. Die Fortführung dieses Themas ist Ulrich Brümmers gründliche Analyse der Botschaften, die die einzelnen Parteien mithilfe ihrer Inszenierungen im Wahlkampf zu vermitteln suchten. Michael Hösel, Thomas Melzer und Ludwig Hilmer setzen diese Analyse für den Hörfunk- und den Regionalzeitungsbreich fort. Alexander Bilgeri fasst im Anschluss die Berichterstattung des Online-Dienstes www.politikerscreen.de zu den Wahlparteitagen kompakt und informativ zusammen, Kurzschilderungen der Wahlkampfseiten der einzelnen Parteien beschließen das Kapitel.

Ein analog zu Kapitel V aufgebautes Kapitel VI beschreibt die Berichterstattung von den Wahlparteitagen der CDU, der CSU, der FDP, der SPD, der Grünen und der PDS. Gründlich, aber summarisch listet Thomas Alsleben die Fernsehberichte auf, starke Unterschiede zwischen der Arbeit der einzelnen Hörfunkanstalten arbeiten Hösel und Melzer heraus. Claudia Conrad Kreml gibt ausführlich die Printberichterstattung wieder, prägnanter und präziser sind Patrick Warnking und Alexander Bilgeri in ihren Berichten über die Parteitags-Internetseiten insgesamt und die Berichterstattung von www.politikerscreen.de im Speziellen.

Ein sehr kurzer Aufsatz unter der Überschrift „Wahlparteitage und Rechtsstaat" beschließt das Buch. Seine Essenz ist, dass die Mitwirkung an der Willensbildung „nicht nur aus politischer und gesellschaftlicher, sondern zugleich aus verfassungsrechtlicher Sicht geboten" sei. Das ist allerdings keine allzu große Neuigkeit, und so ist die Stärke des Buches auch in der Vollständigkeit und Breite der Darstellung zu sehen. Bei aufmerksamer Lektüre lassen sich die Linien erkennen, die auf die Wahlkämpfe der Zukunft hindeuten. Den Autoren ist es damit gelungen, einen Wegweiser für politisch Aktive zusammenzustellen.

Frederik Tautz: E-Health und die Folgen, Wie das Internet die Arzt-Patient-Beziehung und das Gesundheitssystem verändert. Frankfurt/Main, Campus-Verlag, 2002, 29,90 EUR, 232 Seiten, ISBN 3-5933-6769-6

Bernward Baule

Das Internet hat nicht nur die globalen Kommunikationsmöglichkeiten und die wirtschaftlichen Produktionsweisen verändert. Es dringt immer mehr auch in soziale Bereiche vor. Die Computerisierung des Bildungswesens und E-Learning sind ein Beispiel, ein zweites das staatlich besonders geförderte E-Government. Zu beiden Anwendungsbereichen tritt in immer schnellerem Tempo ein dritter – E-Health. Computer und Internet beginnen unser Gesundheitssystem deutlich umzuformen. Frederik Tautz, Gesundheitsökonom und als Berater für Online-Unternehmenskommunikation tätig, hat auf der Basis medizinsoziologischer Forschungen sowie einer Delphi-Befragung diesen neuartigen Ansatz kompetent aufbereitet. In seiner gründlichen Analyse zeigt er auf der Grundlage des Paradigmenwechsels im Gesundheitssystem, dass das Internet den neuen (gleichberechtigten) Kommunikationswünschen von Arzt und Patient, aber auch den vielfältigen Selbsthilfegruppen entgegenkommt. „Patient Empowerment" anstelle instrumentalisierter Behandlung wird gerade durch das Internet und Online-Kommunikation unterstützt. Hier geht es um die Suche nach Information über andere Therapieformen, um nationalen wie weltweiten Austausch über Krankheiten und Hilfen, um schnelle Beratung und breiten Zugang zu Expertenwissen. Nicht zuletzt können virtuelle Gemeinschaften bei Krankheiten und bei der Prävention zusätzliche Bewältigungsressourcen erschließen.

Darüber hinaus wird aber auch, so Tautz, die Optimierung von Informationsflüssen und Verwaltungsabläufen, die Fortbildung in alten wie neuen Gesundheitsberufen sowie neue Effizienzsteigerungen im Gesundheitswesen insgesamt angestrebt. Nicht zuletzt deutliche Kostenreduzierung wird von der flächendeckenden Einführung und der Vernetzung von Computern in Arztpraxen, Krankenhäusern, medizinischen Instituten, Apotheken und Krankenkassen, der Cyber- oder Online-Medizin, der elektronischen Gesundheitsakte, der elektronischen Patientenkarte oder dem elektronischen Rezept erwartet. Allein das Einsparpotenzial bei dem E-Rezept – jährlich werden rund 750 Millionen Rezepte in Deutschland ausgestellt – beträgt rund eine Milliarde Euro.

Auch wenn nach der Dotcom-Krise so mancher Betreiber eines Gesundheitsportals aufgeben musste, zeigt das Buch von Tautz, dass die Entwicklung zwar langsamer erfolgt als in der ersten Internet-Euphorie erwartet. Aber die Weichen für ein offenes E-Health-System sind gestellt. Für Unternehmen bedeutet das, schnelle und gründliche Kenntnisse über die nicht einfachen (neuen) Gesundheitsmärkte zu bekommen, für die Politik, diese Entwicklung mit Mitteln zu unterstützen (E-Health kann durchaus zum deutschen Exportschlager werden), für Ärzte und Patienten, sich stärker mit Computer und Internet vertraut zu machen. Wie in anderen Bereichen unserer Gesellschaft droht sonst auch hier der „Digital Divide".

Im Übrigen zeichnet das Buch von Tautz aus, dass er nicht nur die enormen Chancen der Entwicklung eines elektronisch gestützten Gesundheitssystems beschreibt, sondern auch deren Risiken wie die Verstärkung sozialer Ungleichheiten, der Information aus fragwürdigen Internetquellen oder die Frage nach der Gewährleistung der Sicherheit im elektronischen Verkehr zwischen Arzt und Patient oder zwischen den einzelnen Trägern des Gesundheitssystems.

Dass unser herkömmliches Gesundheitssystem reformiert werden muss, ist nicht nur angesichts beständiger Kostenexplosionen deutlich. Wie in anderen Gesellschaftsbereichen sind auch bei dem Umbau des Gesundheitswesens verschiedene Wege gehbar. Der Einsatz moderner Übertragungs- und Kommunikationsmedien wird angesichts der Chancen, die der Einsatz von Computer und Internet unumgänglich sein. Wer sich deshalb über den Stand zukünftig möglicher Entwicklung des E-Health informieren möchte, wird das Buch von Tautz mit Gewinn lesen.

Alexander Bilgeri

„PoliticsOnline" – Pionier im Bereich Internet und Politik

Politik hat sich in den vergangenen Jahren auf vielfältige Art und Weise das Internet nutzbar gemacht. Sucht man nach den Wurzeln dieser Entwicklung, so kommt man um einen Mann nicht herum: Phil Noble. Als Gründer des Informationsdienstes PoliticsOnline (www.politicsonline.com) gilt der Amerikaner als einer der Experten zum Thema Internet und Politik.

Seit der Gründung von PoliticsOnline 1996 untersuchen Noble und seine Mitarbeiter eine Vielzahl von Quellen – online wie offline –, um Neuigkeiten rund um das Thema Internet und Politik zusammenzutragen. Die Ergebnisse, sei es der Einfluss von E-Mail-Campaigning im Wahlkampf in Schweden, oder die Auswirkungen politischer Online-PR für Saudi-Arabien, werden auf der Homepage veröffentlicht oder im wöchentlich erscheinenden Newsletter „Netpulse" verschickt. Alles, was irgendwie mit einem Computer und Politik zu tun hat, hat seine Berechtigung und damit seinen Platz auf der Seite: von Kampagnen-Homepages, Wahlkampf-Mails, E-Voting, E-Mobilisierung oder E-Government. Die Inhalte sind übersichtlich und thematisch geordnet, eine Suchfunktion erleichtert die Navigation.

Noble, den manche auch als den „Apostel Paulus" der Bewegung „Internet und Politik" bezeichnen, ist lange im Geschäft: Mit über 300 Kampagnen und Public-Affairs-Projekten in 30 Ländern hat sich der Politikberater auch international einen Namen gemacht. Und in der Tat, der Nutzwert von PoliticsOnline geht über den reinen Informationsgehalt hinaus: mit der Entwicklung von zwei Wahlkampftools, dem „Internet Campaign Manager" und dem „Instant Online Fundraiser" hat PoliticsOnline Maßstäbe auch im Bereich der politischen Beratung gesetzt und vertreibt diese über das Internet. Verständlich, denn auch eine Seite wie PoliticsOnline will finanziert sein und dabei für den interessierten User kostenfrei bleiben. Wer also zukünftig auf die globale wie detaillierte Sicht der Dinge im Bereich Internet und Politik nicht verzichten möchte, der sollte www.politicsonline.com im Auge behalten.

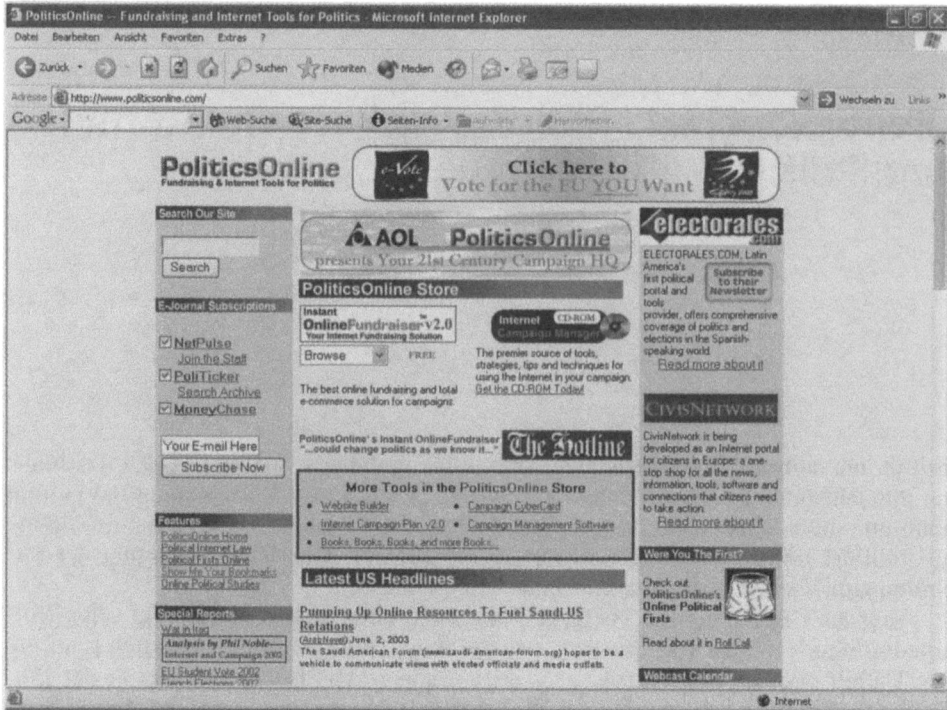

Abb. 1: Seit sieben Jahren im Netz: www.PoliticsOnline.com, die Informationsplattform für Politik und Internet

Autoreninfo

Bernward Baule, CDU/CSU-Fraktion im Deutschen Bundestag, Planungsgruppe Politische Grundsatzfragen – Politische Kommunikation.
E-Mail: Bernward.Baule@cducsu.de

Dipl.-Kfm. Alexander Bilgeri, Vorsitzender des Vorstands der politikerscreen.de AG in Berlin.
E-Mail: bilgeri@politikerscreen.de.
Internet: www.politikerscreen.de

Dipl.-Päd. Christoph Busch, M.A., wissenschaftlicher Mitarbeiter am Institut für Politikwissenschaft an der Universität der Bundeswehr Hamburg.
E-Mail: buschc@gmx.de

Vito Cecere, Büroleiter des Bundesgeschäftsführers der SPD in der Berliner Parteizentrale.
E-Mail: cecere@web.de

Thorsten Faas, M.Sc. (LSE), Wissenschaftlicher Mitarbeiter am Lehrstuhl für Politikwissenschaft II der Otto-Friedrich-Universität Bamberg.
E-Mail: thorsten.faas@sowi.uni-bamberg.de
Internet: www.thorsten-faas.de und www.wahlforschung.de

Christoph Leischwitz, Redakteur bei der politikerscreen.de AG in Berlin.
Internet: www.politikerscreen.de

Prof. Dr. Miriam Meckel, Staatssekretärin für Europa, Internationales und Medien, Staatskanzlei des Landes Nordrhein-Westfalen
E-Mail: miriam.meckel@stk.nrw.de
Internet: www.miriam.meckel.de

David Rose, Redaktionsleitung der politikerscreen.de AG in Berlin.
E-Mail: rose@politikerscreen.de
Internet: www.politikerscreen.de

Dipl.-Pol. Britta Schemel, Ahrens & Bimboese. Face2net – Agentur für Online-Kommunikation GmbH. Freie Mitarbeiterin bei politik-digital.de.
E-Mail: britt2306@gmx.net
Internet: www.britta-schemel.de

Dr. habil. Alexander Siedschlag, Privatdozent für Politikwissenschaft an der Humboldt-Universität zu Berlin und Mitglied des Lehrkörpers der Hochschule für Politik München. Sprecher der Ad-hoc-Gruppe „Internet und Politik" in der Deutschen Vereinigung für Politische Wissenschaft.
E-Mail: alexander.siedschlag@rz.hu-berlin.de
Internet: www.siedschlag.de.vu

Sebastian Sigler, Redakteur der politikerscreen.de AG in Berlin, Freier Journalist.
Internet: www.politikerscreen.de

Dr. Gabriele Winker, Professorin für Arbeitswissenschaft und Gender Studies an der Technischen Universität Hamburg-Harburg.
E-Mail: winker@tu-harburg.de
Internet: www.tu-harburg.de/agentec/winker

Alexander Wolf, Geschäftsführer des Botschaftsnetzwerks DasCorps GmbH.
E-Mail: wolf@dascorps.de
Internet: www.dascorps.de

Dirk Zander, Redaktionsleitung bei der politikerscreen.de AG in Berlin.
E-Mail: zander@politikerscreen.de
Internet: www.politikerscreen.de

Sind Sie schon drin ...?

Die Ad-hoc-Gruppe „Internet und Politik"
in der Deutschen Vereinigung für Politische Wissenschaft (DVPW)

Sprecher: Privatdozent Dr. Alexander Siedschlag, Humboldt-Universität zu Berlin
und Hochschule für Politik München

Homepage: www.internet-und-politik.de.vu

Die seit 2001 bestehende Ad-hoc-Gruppe „Internet und Politik" greift die Chancen
und Herausforderungen auf, die das Internet einer angewandten Politikforschung
stellt, und behandelt in ihrer Arbeit auch unmittelbar politisch relevante Fragen. Mit
ihrem Schwerpunkt auf angewandter Forschung steht sie an der Schnittstelle zwischen Wissenschaft und Politik. Dabei möchte die Gruppe auch den in Deutschland
vorhandenen Sachverstand bündeln und ihre Arbeitsergebnisse durch Publikationen
und Tagungen der interessierten Öffentlichkeit und der Politik zugänglich machen.

Informieren Sie sich unter **www.internet-und-politik.de.vu** unter anderem über

– Grundlagenliteratur und Neuerscheinungen zum Thema
– Interessante Links und Online-Publikationen zum Thema
– Arbeitstreffen und Fachtagungen der Ad-hoc-Gruppe und anderer Einrichtun-
  gen zum Thema Internet und Politik
– Aktuelle Projekte und Publikationen der Mitglieder

Unter dem Titel *Politologische Annäherungen an die digitale Demokratie* (Verlag
Leske + Budrich) liegt nunmehr die Dokumentation unserer Berliner Tagung vom
Juni 2002 in Buchform vor.

Neu im Programm Politikwissenschaft

Andreas Kost,
Hans-Georg Wehling (Hrsg.)

Kommunalpolitik in den deutschen Ländern

Eine Einführung
2003. 356 S. Br. EUR 29,90
ISBN 3-531-13651-8
Dieser Band behandelt systematisch die Kommunalpolitik und -verfassung in allen deutschen Bundesländern. Neben den Einzeldarstellungen zu den Ländern werden auch allgemeine Aspekte wie kommunale Finanzen in Deutschland, Formen direkter Demokratie und die Kommunalpolitik im politischen System der Bundesrepublik Deutschland behandelt. Damit ist der Band ein unentbehrliches Hilfsmittel für Studium, Beruf und politische Bildung.

Gerhard Hirscher,
Karl-Rudolf Korte (Hrsg.)

Information und Entscheidung

Kommunikationsmanagement der politischen Führung
2003. 299 S. Br. EUR 34,90
ISBN 3-531-14025-6
Bevor Informationen der politischen Führung öffentlich werden, bahnen sie sich ihren langen Weg. Doch wie

funktioniert das? Was ist die Entscheidungsgrundlage dabei? Welchen Einfluss haben persönliche oder administrative Faktoren? In diesem Buch werden die kommunikativen Organisationsabläufe beim politischen Spitzenpersonal und in den Parteien untersucht. Es werden die formellen und informellen Strukturen der Informationsabläufe bei Spitzenpolitikern, in den Parteizentralen und in den Fraktionen dargestellt. Damit kann erstmals der Versuch einer systematischen Analyse des politischen Kommunikationsmanagements in Bund, Land und im internationalen Vergleich vorgelegt werden.

Antonia Gohr,
Martin Seeleib-Kaiser (Hrsg.)

Sozial- und Wirtschaftspolitik unter Rot-Grün

2003. 361 S. Br. EUR 34,90
ISBN 3-531-14064-7
Dieser Sammelband legt eine empirische Bestandsaufnahme der Wirtschafts- und Sozialpolitik nach fünfjähriger rot-grüner Regierungszeit vor. Gefragt wird nach Kontinuität und Wandel in Programmatik und umgesetzten Maßnahmen in der Sozial- und Wirtschaftspolitik von Rot-Grün im Vergleich zur Regierung Kohl.

Erhältlich im Buchhandel oder beim Verlag.
Änderungen vorbehalten. Stand: Januar 2004.

www.vs-verlag.de

VS VERLAG FÜR SOZIALWISSENSCHAFTEN

Abraham-Lincoln-Straße 46
65189 Wiesbaden
Tel. 0611.7878-285
Fax 0611.7878-400